근현대 전법 선맥(傳法禪脈)

75조 경허 성우(鏡虛 惺牛) 전법선사 · 오도송

홀연히 콧구멍 없는 소 되라는 말끝에	忽聞人語無鼻孔
삼천계가 내 집임을 단박에 깨달았네	頓覺三千是我家
유월의 연암산을 내려가는 길에서	六月鷰岩山下路
일없는 야인이 태평가를 부르노라	野人無事太平歌

76조 만공 월면(滿空 月面) 전법선사 · 전법게

구름과 달, 산과 계곡이라, 곳곳에서 같음이여	雲月溪山處處同
선가의 나의 제자 수산의 큰 가풍일세	叟山禪子大家風
은근히 무문인을 그대에게 분부하니	慇懃分付無文印
이 기틀의 방편이 활안 중에 있노라	一段機權活眼中

* 제75조 경허 성우 전법선사 전함 / 제76조 만공 월면 전법선사 받음

77조 전강 영신(田岡 永信) 전법선사 · 전법게

불조도 전한 바 없어서	佛祖未曾傳
나 또한 얻은 바 없음을…	我亦無所得
가을빛 저물어 가는 날에	此日秋色暮
뒷산의 원숭이가 울고 있네	猿嘯在後峰

* 제76조 만공 월면 전법선사 전함 / 제77조 전강 영신 전법선사 받음

78대 대원 문재현(大圓 文載賢) 전법선사 · 전법게

부처와 조사도 일찍이 전한 것이 아니거늘	佛祖未曾傳
나 또한 어찌 받았다 하며 준다 할 것인가	我亦何受授
이 법이 2천년대에 이르러서	此法二千年
널리 천하 사람을 제도하리라	廣度天下人

부송(付頌)

어상을 내리지 않고 이러-히 대한다 함이여	不下御床對如是
뒷날 돌아이가 구멍 없는 피리를 불리니	後日石兒吹無孔
이로부터 불법이 천하에 가득하리라	自此佛法滿天下

* 제77조 전강 영신 전법선사 전함 / 제78대 대원 문재현 전법선사 받음

이 오도송과 전법게는 대원 문재현 선사님께서 법리에 맞도록 새롭게 번역한 것입니다.

불조정맥 제 77조 대한불교 조계종 전강 대선사님께서는, 16세에 출가하여 23세 때 첫 깨달음을 얻고 25세에 인가를 받으셨다. 당대의 7대 선지식인 만공, 혜봉, 혜월, 한암, 금봉, 보월, 용성 선사님의 인가를 한 몸에 받으셨으며, 이 중 만공 선사님께 전법게를 받아 그 뒤를 이으셨다. 당대의 선지식들이 모두 극찬할 정도로 그 법이 뛰어나서 '지혜제일 정전강'이라 불렸다.

33세의 최연소의 나이로 통도사 조실을 하셨고, 법주사, 망월사, 동화사, 범어사, 천축사, 용주사, 정각사 등 유명선원 조실을 역임하시고 인천 용화사 법보선원의 조실로 일생을 마치셨다.

1975년 1월 13일, 용화사 법보선원의 천여 명 대중 앞에서 "어떤 것이 생사대사(生死大事)인고?" 자문한 후에 "악! 구구는 번성(飜成) 팔십일이니라."라고 법문한 뒤, 눈을 감고 좌탈입망하셨다.

다비를 하던 날, 화려한 불빛이 일고 정골에서 구슬 같은 사리가 무수히 나왔다. 열반하시기까지 한결같이 공안 법문으로 최상승법을 드날리셨으니 그 투철한 깨달음과 뛰어난 법, 널리 교화하기를 그치지 않으셨던 점에 있어서 한국 근대 선종의 거목이라 일컬어지고 있다.

불조정맥 제78대 대원 문재현 전법선사님
– 양대 강맥 전강대법회에서 법문 중 할을 하시는 모습

오로지 정법만을 깨닫기 서원합니다.

입을 열면 정법만을 설하기 서원합니다.

중생이 다하는 그날까지 교화하기 서원합니다.

–대원 문재현 전법선사의 3대 서원

불교 8대 선언문

불교는 자신에게서 영생을 발견하게 한 유일한 종교이다.
불교는 자신에게서 모든 지혜를 발견하게 한 유일한 종교이다.
불교는 자신에게서 모든 능력을 발견하게 한 유일한 종교이다.
불교는 자신에게서 모든 것을 이루게 한 유일한 종교이다.
불교는 자신에게서 극락을 발견하게 한 유일한 종교이다.
불교는 깨달으면 차별 없어 평등하다는 유일한 종교이다.
불교는 모든 억압 없이 자신감을 갖게 한 유일한 종교이다.
불교는 그러므로 온 누리에 영원할 만인의 종교이다.

– 대원 문재현 전법선사 주창

전세계의 불교계에서 통일시켜야 할 일

경전의 말씀대로 32상과 80종호를 갖춘 불상으로 통일해야 한다.

예불 드리는 법을 통일해야 한다.

불공의식을 통일해야 한다.

– 대원 문재현 전법선사 주창

2015년 성불사 국제정맥선원 하계수련회 중 대원 문재현 선사님의 선화지도

대방광불화엄경
大 方 廣 佛 華 嚴 經

제 4 권

세주묘엄품
世 主 妙 嚴 品

도서출판 문젠(구, 바로보인)은 정맥선원에서 운영하고 있습니다.

* 인제산(人濟山) 성불사(成佛寺) 국제정맥선원
  경기도 포천시 내촌면 소리개길 86-178 ☎ 031-531-8805
* 인제산(人濟山) 이룬절 포천정맥선원
  경기도 포천시 내촌면 소리개길 86-123 ☎ 031-532-1918
* 도봉산(道峯山) 도봉정사(道峯精舍) 서울정맥선원
  서울시 도봉구 도봉로 921 문젠빌딩 2층 ☎ 02-3494-0122
* 백양산(白楊山) 자모사(慈母寺) 부산정맥선원
  부산시 동래구 아시아드대로 114번길 10 대륙코리아나 2층 212호 ☎ 051-503-6460
* 자모산(慈母山) 육조사(六祖寺) 청도정맥선원
  경북 청도군 매전면 동산리 산 50 ☎ 010-4543-2460
* 광암산(光巖山) 성도사(成道寺) 광주정맥선원
  광주광역시 광산구 삼도광암길 34 ☎ 062-944-4088
* 대통산(大通山) 대통사(大通寺) 해남정맥선원
  전남 해남군 화산면 송계길 132-98 중정마을 ☎ 061-536-6366

바로보인 불법 ㉝

화 엄 경 4권

초판 1쇄 펴낸날 단기 4349년, 불기 3043년, 서기 2016년 8월 28일

역   저 대원 문재현 선사
펴 낸 곳 도서출판 문젠(Moonzen Press)
           11192, 경기도 포천시 내촌면 소리개길 86-178
           전화 031-534-3373 팩스 031-533-3387
신 고 번 호 2010.11.24. 제2010-000004호

윤 문 교 정 진성 윤주영, 증연 강영미
편 집 제 작 도명 정행태
전자책 제작 도향 하가연
표 지 그 림 현정(玄楨)
인   쇄 가람문화사

도서출판문젠   www.moonzenpress.com
정 맥 선 원   www.zenparadise.com
사막화방지국제연대(IUPD) www.iupd.org

ⓒ 문재현, 2016. Printed in Seoul, Republic of Korea
값 15,000원
ISBN 978-89-6870-004-0 04220
ISBN 978-89-6870-000-2 (전81권)

華嚴十無頌 화엄십무송

- 대원 문재현 선사

無相法性常顯前
상이 없는 법성은 언제나 드러나 있고

無性諸法如谷響
성품이 없는 모든 법은 골짜기에 메아리 같도다

無外作處是自在
밖이 없이 짓는 곳을 이 자재라 하는 것이니

無非華嚴大道場
화엄 대도량 아님이 없음이로다

無窮無盡光神通
궁구할 수 없고 다함 없는 광명의 신통에서

無不出生三千界
삼천대천세계가 나오지 않음이 없도다

無碍相卽大自在
걸림이 없이 서로 즉한 대자재여

無爲之法是日常
함이 없는 법이 일상이로다

無有定法隨狀況
정한 법 없어 상황을 따름이여

無上無爲妙菩提
위 없고 함이 없는 묘보리로다

바로보인 불법 ㉘

화엄경(華嚴經) 4권

대원 문재현 선사 역저

一、세주묘엄품 ④
(世主妙嚴品)

서 문

가없이 크고 넓어 광대함이여!
모양 없는 그 가운데 본래 갖춤
증득한 지혜인이라야 아네

남섬부주 일체의 나툼이여
본래의 갖춤에 비하자면
천만억분의 일도 안 된다네

이러-히 온통 온통함이여!
모두 갖춘 본연한 이 장엄을
'대방광불화엄'이라 하네

단기(檀紀) 4345년
불기(佛紀) 3039년

무등산인 대원 문재현
(無等山人 大圓 文載賢)

차 례

일러두기

1. 화엄경 본문을 지나치게 세밀하게 나누어 긴 주해를 싣지 않은 것은
그로 해서 원문의 흐름이 끊어지게 되지 않을까 하는 우려에서이다. 이
런 까닭에 다만 수없이 장고(長考)하며 최대한 원문에 충실하게 번역하
고 각권의 마지막이나 각품의 마지막에만 결문(結文)을 더하였다. 화엄
경 본문이 이치적으로 더할 나위 없이 샅샅이 불화엄의 화장세계를 밝
힌 것이라면 결문은 화엄경의 화장세계를 선(禪) 도리로 간략히 바로
끊어 보인 것이다. 이로써 경의 본뜻이 굴절 없이 전달되어 화엄의 세
계가 독자의 세계가 되기를 바란다.

2. 요즈음 화엄경을 접한 이들이 최고의 경전이라 불리는 화엄경 첫머리
부터 '신(神)'이라는 호칭으로 기록된 분들이 많은 것을 보고 의아하게
생각하는 경우가 있다. 화엄경의 첫머리인 세주묘엄품을 보면 이 '신
(神)'이라는 호칭으로 기록된 분들이 불보살님의 화현이거나 보살마하
살의 경지에서 행하는 분들임을 알 수 있다. 이런 까닭에 이 책에서는
'신(神)'을 '천제(天帝)'로 번역하였다. 예를 들면, '집금강신'은 '집금강
천제'로 의역하였다. 천제는 그 세계를 다스리고 교화하는 분, 곧 깨달
아, 삼매와 지혜와 덕과 신통과 방편과 변재를 갖추어서 다스리고 교화
하는 분을 말한다.

3. 미주는 *로 표시하였다.

一 세주묘엄품

復次普光焰藏主火神 得悉除一切世間闇解脫門 普集光幢主
火神 得能息一切衆生 諸惑漂流熱惱苦解脫門 大光徧照主
火神 得無動福力大悲藏解脫門 衆妙宮殿主火神 得觀如來
神通力 示現無邊際解脫門 無盡光髻主火神 得光明照耀無
邊虛空界解脫門 種種焰眼主火神 得種種福莊嚴寂靜光解脫
門 十方宮殿如須彌山主火神 得能滅一切世間諸趣熾然苦解
脫門

주화천제들의 해탈문과 보광염장 주화천제의 게송

또한 보광염장 주화천제*는 일체 세간의 어둠을 모두 없애는 해탈문을 얻었고,

보집광당 주화천제는 일체 중생들이 모두 미혹에 빠져 헤매면서 심하게 번뇌하는 괴로움을 쉬게 하는 해탈문을 얻었으며,

대광변조 주화천제는 흔들림이 없는 복력과 대자비의 보배장*해탈문을 얻었고,

중묘궁전 주화천제는 여래*께서 신통력으로 끝도 갓도 없이 나투어 보임을 관하는 해탈문을 얻었으며,

무진광계 주화천제는 광명으로 가없는 허공계를 비추어 빛내는 해탈문을 얻었고,

종종염안 주화천제는 갖가지 복으로 장엄한 열반광명의 해탈문을 얻었으며,

시방궁전여수미산 주화천제는 모든 세간과 육도*의 활활 타오르는 고통을 없애주는 해탈문을 얻었고,

威光自在主火神 得自在開悟一切世間解脫門 光照十方主火
神 得永破一切愚癡執着見解脫門 雷音電光主火神 得成就
一切願力大震吼解脫門 爾時 普光焰藏主火神 承佛威力 普
觀一切主火神衆 而說頌言

위광자재 주화천제는 모든 세간 사람들을 깨닫게 하는
데에 자재한 해탈문을 얻었으며,

광조시방 주화천제는 모든 어리석음으로 집착하는 견해
를 영원히 부숴버리는 해탈문을 얻었고,

뇌음전광 주화천제는 모든 원력을 성취하여 사자후를 크
게 떨치는 해탈문을 얻었다.

이때 보광염장 주화천제가 부처님의 위신력*을 받아서
모든 주화천제 대중들을 두루 관하고 게송으로 말하였다.

汝觀如來精進力
廣大億劫不思議
爲利衆生現世間
所有暗障皆令滅

衆生愚癡起諸見
煩惱如流及火然
導師方便悉滅除
普集光幢於此悟

福德如空無有盡
求其邊際不可得
此佛大悲無動力
光照悟入心生喜

그대들은 여래의 정진력을 관하라
광대한 억겁에 부사의하게
중생의 이익 위해 세간에 나투어
모든 어두운 업장을 다 없애주셨네

중생의 어리석음이 온갖 견해 일으켜
번뇌가 물 흐르듯, 불타듯 하는데
부처님께서 방편으로 모두 멸해 없애주시니
보집광당 주화천제가 이를 깨달았네

복덕이 허공과 같아 다함 없어서
그 끝을 찾아도 찾을 수 없는
이 부처님 큰 자비의 움직임 없는 힘에
대광변조 주화천제가 깨달아 들어가 마음에 기쁨을 내었네

我觀如來之所行
經於劫海無邊際
如是示現神通力
衆妙宮神所了知

億劫修成不可思
求其邊際莫能知
演法實相令歡喜
無盡光神所觀見

十方所有廣大衆
一切現前瞻仰佛
寂靜光明照世間
此妙焰神所能了

내가 관한 여래의 행,
끝없는 겁해*를 지나오면서
이러한 신통력을 나투어 보이신 것을
중묘궁전 주화천제가 밝게 알았네

억겁에 닦아 이룬 것 부사의해서
그 끝을 찾아도 알 수 없는데
법의 실상 설하여 환희케 하시니
무진광계 주화천제가 관하여 보았네

시방의 모든 광대한 대중들이
모두 목전에 계신 부처님을 우러러보는데
열반의 광명으로 세간을 비추시니
이를 묘염 주화천제가 요달하였네

牟尼出現諸世間
坐於一切宮殿中
普雨無邊廣大法
此十方神之境界

諸佛智慧最甚深
於法自在現世間
能悉闡明眞實理
威光悟此心欣慶

諸見愚癡爲暗蓋
衆生迷惑常流轉
佛爲開闡妙法門
此照方神能悟入

부처님께서 모든 세간에 출현하여
일체 궁전 가운데 앉아
가없이 광대한 법을 널리 비 내리듯 하시니
시방궁전여수미산 주화천제의 경계도 이와 같네

모든 부처님의 지혜 가장 깊고 깊어
자재한 법으로 세간에 나투어
진실한 이치를 열어서 밝히시니
위광자재 주화천제가 이를 깨달아 마음으로 기뻐하고 경축했네

모든 어리석고 못난 견해로 어둡게 덮여서
중생들이 미혹하여 항상 윤회하거늘
부처님께서 묘한 법문 열어 펴시니
이에 광조시방 주화천제가 깨달아 들어갔네

願門廣大不思議
力度修治已淸淨
如昔願心皆出現
此震音神之所了

서원의 문 광대하고 부사의하며
역바라밀*을 닦아 익혀 이미 청정해서
옛적 원력의 마음에 의해 출현하시니
이를 진음 주화천제가 요달했네

復次普興雲幢主水神 得平等利益一切衆生慈解脫門 海潮雲
音主水神 得無邊法莊嚴解脫門 妙色輪髻主水神 得觀所應
化 方便普攝解脫門 善巧漩澓主水神 得普演諸佛甚深境界
解脫門 離垢香積主水神 得普現淸淨大光明解脫門 福橋光
音主水神 得淸淨法界無相無性解脫門 知足自在主水神 得
無盡大悲海解脫門 淨喜善音主水神 得於菩薩衆會道場中
爲大歡喜藏解脫門

또한 보흥운당 주수천제는 모든 중생들에게 평등하게 이익을 주는 자비의 해탈문을 얻었고,

해조운음 주수천제는 가없는 법으로 장엄하는 해탈문을 얻었으며,

묘색윤계 주수천제는 응해 교화할 바를 관하여 방편으로 널리 거두는 해탈문을 얻었고,

선교선복 주수천제는 모든 부처님의 심히 깊은 경계를 널리 펴는 해탈문을 얻었으며,

이구향적 주수천제는 청정한 큰 광명을 널리 나투는 해탈문을 얻었고,

복교광음 주수천제는 청정한 법계의, 모습이라 할 것도 없고 성품이라 할 것도 없는 해탈문을 얻었으며,

지족자재 주수천제는 다함이 없는 대비바다의 해탈문을 얻었고,

정희선음 주수천제는 보살 대중이 모인 도량의 대환희장 해탈문을 얻었으며,

普現威光主水神 得以無礙廣大福德力 普出現解脫門 吼聲
徧海主水神 得觀察一切衆生 發起如虛空調伏方便解脫門
爾時 普興雲幢主水神 承佛威力 普觀一切主水神衆 而說
頌言

보현위광 주수천제는 걸림 없고 광대한 복덕의 힘으로 널리 출현하는 해탈문을 얻었고,

　후성변해 주수천제는 모든 중생을 관찰하여 허공과 같도록 조복시키는 방편을 일으키는 해탈문을 얻었다.

　이때 보흥운당 주수천제가 부처님의 위신력을 받아서 모든 주수천제 대중들을 두루 관하고 게송으로 말하였다.

清淨慈門刹塵數
共生如來一妙相
一一諸相莫不然
是故見者無厭足

世尊往昔修行時
普詣一切如來所
種種修治無懈倦
如是方便雲音入

佛於一切十方中
寂然不動無來去
應化衆生悉令見
此是髻輪之所知

세계의 티끌 수와도 같은 청정한 자비문이
여래의 온통인 묘한 상(相)에서 모두 나와서
낱낱의 모든 상이 그렇지 않은 것이 없는 까닭에
보는 이마다 싫어하는 이가 없네

세존께서 지난 옛적 수행할 때
모든 여래의 처소에 두루 나아가
갖가지로 닦아 익히기에 게으르지 않으셨으니
이와 같은 방편에 해조운음 주수천제가 들어갔네

부처님께서 모든 시방 가운데
고요히 움직임 없어 오고 감 없는 데에서
중생들에 맞추어 몸을 나투어 모두 보게 하시니
이를 묘색윤계 주수천제가 알았네

如來境界無邊量
一切眾生不能了
妙音演說徧十方
此善漩神所行處

世尊光明無有盡
充徧法界不思議
說法教化度眾生
此淨香神所觀見

如來清淨等虛空
無相無形徧十方
而令眾會靡不見
此福光神善觀察

여래의 경계가 가없고 한량없어
일체 중생들이 능히 알 수 없거늘
묘음으로 널리 펴 설해 시방에 두루하게 하시니
선교선복 주수천제가 행하는 곳도 이와 같네

부처님의 광명이 다함 없어
법계에 가득하여 부사의한 데에서
법을 설해 교화하여 중생들을 구제하시니
이를 정향 주수천제가 관하여 보았네

여래의 청정함이 허공과 같아
모양 없고 형상 없이 시방에 두루하여
대중모임에서 보지 못하는 이 없게 하시니
이를 복교광음 주수천제가 잘 관찰했네

佛昔修習大悲門
其心廣徧等衆生
是故如雲現於世
此解脫門知足了

十方所有諸國土
悉見如來坐於座
朗然開悟大菩提
如是喜音之所入

如來所行無罣礙
徧往十方一切刹
處處示現大神通
普現威光已能悟

부처님께서 옛적에 대비문을 닦아 익혀
넓고 두루한 그 마음으로 중생들과 같이하여
구름과 같이 세간에 나투시니
이 해탈문을 지족자재 주수천제가 요달했네

시방의 모든 국토에
여래께서 자리에 앉아 계심을 모두 보기만 해도
밝게 대보리를 깨닫게 하시니
이러-함에 정희선음 주수천제가 들어갔네

여래께서 걸림 없이 행하여
시방의 모든 세계에 두루 가서
곳곳마다 큰 신통을 나투어 보이신 것을
보현위광 주수천제가 몸소 깨달았네

修習無邊方便行
等衆生界悉充滿
神通妙用靡暫停
吼聲徧海斯能入

가없는 방편행을 닦아 익혀서
중생계에 다 같이 충만하게 하여
잠시도 신통묘용을 멈추지 않으시니
후성변해 주수천제가 이에 능히 들어갔네

復次出現寶光主海神 得以等心 施一切衆生福德海衆寶莊嚴
身解脫門 不可壞金剛幢主海神 得巧方便 守護一切衆生善
根解脫門 不雜塵垢主海神 得能竭一切衆生煩惱海解脫門
恒住波浪主海神 得令一切衆生 離惡道解脫門 吉祥寶月主
海神 得普滅大癡暗解脫門 妙華龍髻主海神 得滅一切諸趣
苦 與安樂解脫門 普持光味主海神 得淨治一切衆生 諸見
愚癡性解脫門

주해천제들의 해탈문과 출현보광 주해천제의 게송

또한 출현보광 주해천제는 평등한 마음으로써 모든 중생
에게 복덕바다를 보시하며 온갖 보배로 몸을 장엄하는 해
탈문을 얻었고,

불가괴금강당 주해천제는 공교로운 방편으로 모든 중생
의 선근을 지키고 보호하는 해탈문을 얻었으며,

부잡진구 주해천제는 모든 중생의 번뇌바다를 마르게 하
는 해탈문을 얻었고,

항주파랑 주해천제는 모든 중생에게 악도를 여의게 하는
해탈문을 얻었으며,

길상보월 주해천제는 큰 어리석음의 어둠을 널리 없애는
해탈문을 얻었고,

묘화용계 주해천제는 일체 육도의 괴로움을 없애고 안락
함을 주는 해탈문을 얻었으며,

보지광미 주해천제는 모든 중생의 온갖 견해와 어리석은
성품을 청정하게 다스리는 해탈문을 얻었고,

寶焰華光主海神 得出生一切寶種性菩提心解脫門 金剛妙髻
主海神 得不動心功德海解脫門 海潮雷音主海神 得普入法
界三昧門解脫門 爾時 出現寶光主海神 承佛威力 普觀一
切主海神衆 而說頌言

보염화광 주해천제는 모든 보배로운 종자성품인 보리심을 내게 하는 해탈문을 얻었으며,

금강묘계 주해천제는 움직임 없는 마음의 공덕바다 해탈문을 얻었고,

해조뇌음 주해천제는 법계의 삼매문에 두루 들어가는 해탈문을 얻었다.

이때 출현보광 주해천제가 부처님의 위신력을 받아서 모든 주해천제 대중들을 두루 관하고 게송으로 말하였다.

不可思議大劫海
供養一切諸如來
普以功德施群生
是故端嚴最無比

一切世間皆出現
眾生根欲靡不知
普爲弘宣大法海
此是堅幢所欣悟

一切世間衆導師
法雲大雨不可測
消竭無窮諸苦海
此離垢塵入此門

불가사의한 대겁해에
일체 모든 여래께 공양 올리며
널리 공덕을 중생들에게 베푼 까닭에
단정하고 엄숙함이 비길 데 없이 가장 뛰어나시네

일체 세간에 모두 출현해서
중생의 근기와 욕망을 모두 다 알지 못함이 없어
큰 법해(法海)*를 두루 베풀어 널리 펼치시니
이를 견당 주해천제가 깨닫고 기뻐했네

일체 세간 모든 부처님들께서
헤아릴 수 없는 법구름의 큰 비로
끝없는 고통바다를 없애주시니
이구진 주해천제가 이 문에 들어갔네

一切衆生煩惱覆
流轉諸趣受衆苦
爲其開示如來境
普水宮神入此門

佛於難思劫海中
修行諸行無有盡
永截衆生癡惑網
寶月於此能明入

佛見衆生常恐怖
流轉生死大海中
示彼如來無上道
龍髻悟解生欣悅

모든 중생들이 번뇌에 덮여서
육도를 윤회하며 온갖 고통 받으므로
그들을 위해 여래의 경계를 열어 보이시니
보수궁 주해천제가 이 문에 들어갔네

부처님께서 헤아리기 어려운 겁해에
다함 없이 온갖 행을 닦아
중생들의 어리석은 의혹의 그물을 영구히 끊어주시니
길상보월 주해천제가 여기에 밝게 들어갔네

부처님께서 중생들이 항상 두려워하며
생사의 큰 바다 가운데 윤회하는 것을 보고
여래의 위 없는 도, 저들에게 보이시니
묘화용계 주해천제가 깨달아 알아서 기쁨을 내었네

諸佛境界不思議
法界虛空平等相
能淨衆生癡惑網
如是持味能宣說

佛眼清淨不思議
一切境界悉該覽
普示衆生諸妙道
此是華光心所悟

魔軍廣大無央數
一刹那中悉摧滅
心無傾動難測量
金剛妙髻之方便

모든 부처님의 경계는 부사의해서
법계와 허공계에 평등한 모습으로
중생들의 어리석은 의혹의 그물을 청정케 하시니
보지광미 주해천제가 널리 펴 설하는 것도 이러하네

부처님 눈, 청정하고 부사의하여
일체 경계를 모두 살펴보고
중생에게 모든 묘한 도를 널리 보이시니
이와 같이 보염화광 주해천제가 마음에 깨달았네

광대하여 셀 수 없는 마의 군대를
한순간에 모두 꺾어 없애나
동요함 없는 마음 측량키 어려우니
금강묘계 주해천제의 방편도 이렇네

普於十方演妙音
其音法界靡不周
此是如來三昧境
海潮音神所行處

두루 시방에 묘음으로 펴서
그 음성 법계에 두루하지 않음이 없는
이것이 여래 삼매의 경계이니
해조뇌음 주해천제가 행하는 곳도 이렇네

復次普發迅流主河神 得普雨無邊法雨解脫門 普潔泉澗主河
神 得普現一切衆生前 令永離煩惱解脫門 離塵淨眼主河神
得以大悲方 便 普滌一切衆生 諸惑塵垢解脫門 十方徧吼
主河神 得恒出饒盆衆生音解脫門 普救護衆生主河神 得於
一切含識中 恒起無惱害慈解脫門 無熱淨光主河神 得普示
一切清涼善根解脫門 普生歡喜主河神 得修行具足施 令一
切衆生 永離慳着解脫門

주하천제들의 해탈문과 보발신류 주하천제의 게송

또한 보발신류 주하천제는 끝없는 법비를 널리 내리는 해탈문을 얻었고,

보결천간 주하천제는 모든 중생 앞에 두루 나투어서 번뇌를 영원히 여의게 하는 해탈문을 얻었으며,

이진정안 주하천제는 큰 자비의 방편으로 일체 중생의 모든 미혹한 티끌과 때를 널리 씻어버리는 해탈문을 얻었고,

시방변후 주하천제는 항상 중생을 넉넉히 이익케 하는 음성을 내는 해탈문을 얻었으며,

보구호중생 주하천제는 모든 중생들 가운데서 항상 번뇌의 해침을 없애는 자비를 일으키는 해탈문을 얻었고,

무열정광 주하천제는 모든 청량한 선근을 널리 보이는 해탈문을 얻었으며,

보생환희 주하천제는 구족한 보시를 수행케 해서 모든 중생들에게 간탐과 집착을 영원히 여의게 하는 해탈문을 얻었고,

廣德勝幢主河神 得作一切歡喜福田解脫門 光照普世主河神
得能令一切衆生 雜染者 清淨 瞋毒者 歡喜解脫門 海德光
明主河神 得能令一切衆生 入解脫海 恒受具足樂解脫門 爾
時 普發迅流主河神 承佛威力 普觀一切主河神衆 而說頌
言

광덕승당 주하천제는 모든 환희의 복밭을 짓는 해탈문을 얻었으며,

광조보세 주하천제는 일체 중생들로 하여금 온갖 것에 물든 자는 청정하게 하고, 성내는 자는 환희케 하는 해탈문을 얻었고,

해덕광명 주하천제는 모든 중생들에게 해탈의 바다에 들어가서 항상 구족한 즐거움을 받게 하는 해탈문을 얻었다.

이때 보발신류 주하천제가 부처님의 위신력을 받아서 모든 주하천제 대중들을 두루 관하고 게송으로 말하였다.

如來往昔爲衆生
修治法海無邊行
譬如霈澤淸炎暑
普滅衆生煩惱熱

佛昔難宣無量劫
以願光明淨世間
諸根熟者令悟道
此普潔神心所悟

大悲方便等衆生
悉現其前常化誘
普使淨治煩惱垢
淨眼見此深歡悅

여래께서 지난 옛적 중생을 위해
법해의 가없는 행을 닦아 익혀서
소나기 내려 무더위 식혀주듯
중생의 번뇌 열기, 두루 없애주셨네

부처님께서 옛적, 말로 할 수 없는 한량없는 겁에
서원의 광명으로 세간을 청정케 하고
온갖 선근이 성숙한 이는 도를 깨닫게 하시니
이를 보결천간 주하천제가 마음에 깨달았네

큰 자비의 방편으로 중생에게 평등히 하여
그들 앞에 항상 나투어 교화하고 인도해서
널리 번뇌의 때를 깨끗하게 다스려주시니
이진정안 주하천제가 이를 보고 깊이 기뻐하고 즐거워했네

佛演妙音普使聞
衆生愛樂心歡喜
悉使滌除無量苦
此徧吼神之解脫

佛昔修習菩提行
爲利衆生無量劫
是故光明徧世間
護神憶念生歡喜

佛昔修行爲衆生
種種方便令成熟
普淨福海除衆苦
無熱見此心欣慶

부처님께서 묘음으로 널리 펴 두루 듣게 하여
중생들이 좋아하고 즐거워하며 마음에 환희케 해서
한량없는 고통을 모두 씻어 없애주시니
시방변후 주하천제의 해탈도 이러하네

부처님께서 옛적에 보리행을 닦아 익혀서
한량없는 겁에 중생을 이롭게 한 까닭으로
광명이 세간에 두루하니
보구호중생 주하천제가 마음 깊이 지녀 환희심을 내었네

부처님께서 옛적에 중생을 위해 수행하여
갖가지 방편을 성숙케 해서
널리 청정한 복바다로 온갖 고통 없애시니
무열정광 주하천제가 이를 보고 마음으로 기뻐하고 경축했네

施門廣大無窮盡
一切衆生咸利益
能令見者無慳着
此普喜神之所悟

佛昔修行實方便
成就無邊功德海
能令見者靡不欣
此勝幢神心悟悅

衆生有垢咸淨治
一切怨害等生慈
故得光照滿虛空
普世河神見歡喜

광대하여 다함 없는 보시문으로
일체 중생들을 모두 이익케 하여
보는 이마다 간탐과 집착 없어지게 하시니
이를 보생환희 주하천제가 깨달았네

부처님께서 옛적에 참된 방편 닦아 행하여
가없는 공덕바다를 성취해서
보는 이마다 기쁘지 않은 이가 없게 하시니
이를 광덕승당 주하천제가 마음에 깨닫고 기뻐했네

중생들의 때[垢]를 모두 청정하게 다스리고
모든 원수에게도 평등한 자비심을 내신 까닭에
광명 비춤이 허공에 가득하니
광조보세 주하천제가 보고 환희했네

佛是福田功德海
能令一切離諸惡
乃至成就大菩提
此海光神之解脫

부처님은 복밭이요 공덕의 바다라
일체 모든 악을 여의게 하고
나아가 끝내 큰 보리를 성취케 하시니
해덕광명 주하천제의 해탈도 이러하네

復次柔軟勝味主稼神 得與一切衆生法滋味 令成就佛身解脫
門 時華淨光主稼神 得能令一切衆生 受廣大喜樂解脫門 色
力勇健主稼神 得以一切圓滿法門 淨諸境界解脫門 增益精
氣主稼神 得見佛大悲無量神通變化力解脫門 普生根果主稼
神 得普現佛福田 令下種無失壞解脫門 妙嚴環髻主稼神 得
普發衆生 淨信華解脫門 潤澤淨華主稼神 得大慈愍 濟諸衆
生 令增長福德海解脫門 成就妙香主稼神 得廣開示一切行
法解脫門

주가천제들의 해탈문과 유연승미 주가천제의 게송

또한 유연승미 주가천제는 모든 중생들에게 법의 좋은
맛을 베풀어 부처의 몸을 성취하게 하는 해탈문을 얻었고,
시화정광 주가천제는 능히 모든 중생들에게 광대한 기쁨
과 즐거움을 받게 하는 해탈문을 얻었으며,
색력용건 주가천제는 온갖 원만한 법문으로써 모든 경계
를 청정하게 하는 해탈문을 얻었고,
증익정기 주가천제는 부처님의 대비와 한량없는 신통변
화의 힘을 보이는 해탈문을 얻었으며,
보생근과 주가천제는 부처님의 복밭을 널리 나투어 종자를
심어서 잃어버리거나 무너짐이 없게 하는 해탈문을 얻었고,
묘엄환계 주가천제는 널리 중생들에게 청정한 믿음을 꽃
피우게 하는 해탈문을 얻었으며,
윤택정화 주가천제는 대자비와 연민으로 모든 중생을 구
제하여 복덕바다를 더욱 더하게 하는 해탈문을 얻었고,
성취묘향 주가천제는 모든 행법을 널리 열어 보이는 해
탈문을 얻었으며,

見者愛樂主稼神 得能令法界一切衆生 捨離懈怠憂惱等 諸
惡普清淨解脫門 離垢光明主稼神 得觀察一切衆生善根 隨
應說法 令衆會歡喜滿足解脫門 爾時 柔軟勝味主稼神 承佛
威力 普觀一切主稼神衆 而說頌言

견자애락 주가천제는 법계의 모든 중생에게 게으름과 근심, 번뇌 등을 버리게 해서 온갖 악을 널리 청정하게 하는 해탈문을 얻었고,

　이구광명 주가천제는 모든 중생의 선근을 관찰하여 응할 바에 따라 법을 설하여 모임의 모든 대중들을 환희케 하고 만족케 하는 해탈문을 얻었다.

　이때 유연승미 주가천제가 부처님의 위신력을 받아서 주가천제 대중들을 두루 관하고 게송으로 말하였다.

如來無上功德海
普現明燈照世間
一切衆生咸救護
悉與安樂無遺者

世尊功德無有邊
衆生聞者不唐捐
悉使離苦常歡喜
此是時華之所入

善逝諸力皆圓滿
功德莊嚴現世間
一切衆生悉調伏
此法勇力能明證

여래께서 위 없는 공덕바다로
밝은 등불처럼 나타나 널리 세상을 비추어
모든 중생들을 구제하고 보호하여
모두에게 빠짐없이 안락함을 주시네

세존의 공덕은 진실로 끝없어서
중생들이 들으면 반드시 헛되지 않아
괴로움 여의어 항상 기쁘게 하시니
여기에 시화정광 주가천제가 들어갔네

부처님*의 모든 힘이 다 원만해서
공덕으로 장엄하여 세간에 나투심에
일체 중생들이 모두 조복하니
이 법을 색력용건 주가천제가 밝게 증득했네

佛昔修治大悲海
其心念念等世間
是故神通無有邊
增益精氣能觀見

佛徧世間常現前
一切方便無空過
悉淨衆生諸惑惱
此普生神之解脫

佛是世間大智海
放淨光明無不徧
廣大信解悉從生
如是嚴髻能明入

부처님께서 옛적에 대자비의 바다를 닦아
그 마음의 생각생각이 세간에 평등하여
이 까닭에 신통이 끝이 없으시니
증익정기 주가천제가 능히 관하여 보았네

부처님께서 온 세간에 항상 나투신
일체 방편들이 헛되지 않아
중생들의 모든 미혹과 번뇌를 모두 청정케 하시니
이에 보생근과 주가천제가 해탈했네

부처님은 세간의 큰 지혜의 바다라
청정한 광명을 놓아 두루하지 않음이 없어
광대하게 믿고 아는 마음이 모두 나게〔生〕하시니
이러-함에 묘엄환계 주가천제가 밝게 들어갔네

如來觀世起慈心
爲利衆生而出現
示彼恬怡最勝道
此淨華神之解脫

善逝所修淸淨行
菩提樹下具宣說
如是敎化滿十方
此妙香神能聽受

佛於一切諸世間
悉使離憂生大喜
所有根欲皆治淨
可愛樂神斯悟入

여래께서 세간을 관해 자비심을 일으켜
중생을 이익케 하려고 출현하여
저들을 편안하고 기쁘게 하는 가장 수승한 도를 보이시니
이에 윤택정화 주가천제가 해탈했네

부처님께서 닦으신 청정한 행을
보리수 아래에서 모두 널리 펴 설하여
시방에 가득하게 이러-히 교화하니
이에 성취묘향 주가천제가 듣고 받아들였네

부처님께서 일체 모든 세간에
근심을 여의고 큰 기쁨을 내게 해서
모든 욕심의 뿌리를 모두 청정하게 다스리시니
견자애락 주가천제가 이에 깨달아 들어갔네

如來出現於世間
普觀衆生心所樂
種種方便而成熟
此淨光神解脫門

여래께서 세간에 출현하여

중생들이 마음에 좋아하는 바를 두루 관해서

갖가지 방편으로 성숙케 하시니

이구광명 주가천제의 해탈문도 이와 같네

復次吉祥主藥神 得普觀一切衆生心 而勤攝取解脫門 栴檀林主藥神 得以光明 攝取衆生 俾見者 無空過解脫門 離塵光明主藥神 得能以淨方便 滅一切衆生煩惱解脫門 名稱普聞主藥神 得能以大名稱 增長無邊善根海解脫門 毛孔現光主藥神 得大悲幢 速赴一切病境界解脫門 破暗清淨主藥神 得療治一切盲冥衆生 令智眼清淨解脫門 普發吼聲主藥神 得能演佛音 說諸法差別義解脫門 蔽日光幢主藥神 得能作一切衆生 善知識 令見者 咸生善根解脫門

주약천제들의 해탈문과 길상 주약천제의 게송

또한 길상 주약천제는 모든 중생의 마음을 널리 관하여 부지런히 거두어들이는 해탈문을 얻었고,

전단림 주약천제는 광명으로 중생을 거두어들여 보는 이마다 헛되이 지나치지 않는 해탈문을 얻었으며,

이진광명 주약천제는 청정한 방편으로 모든 중생의 번뇌를 없애는 해탈문을 얻었고,

명칭보문 주약천제는 큰 이름으로 가없는 선근바다를 더욱 더하게 하는 해탈문을 얻었으며,

모공현광 주약천제는 대비의 당기*로 모든 병의 경계를 빨리 벗어나게 하는 해탈문을 얻었고,

파암청정 주약천제는 눈멀어 어두운 모든 중생들을 치료하여 지혜의 눈을 청정케 하는 해탈문을 얻었으며,

보발후성 주약천제는 부처님의 음성으로 널리 펴 모든 법의 차별된 뜻을 설하는 해탈문을 얻었고,

폐일광당 주약천제는 모든 중생의 선지식이 되어서 보는 이마다 모두 선근이 생기게 하는 해탈문을 얻었으며,

明見十方主藥神 得淸淨大悲藏 能以方便 令生信解解脫門
普發威光主藥神 得方便 令念佛 滅一切衆生病解脫門 爾
時 吉祥主藥神 承佛威力 普觀一切主藥神衆 而說頌言

명견시방 주약천제는 청정한 대비장에서 능히 방편으로써 믿고 아는 마음을 내게 하는 해탈문을 얻었고,

보발위광 주약천제는 방편으로 부처님을 생각케 하여 모든 중생의 병을 없애는 해탈문을 얻었다.

이때 길상 주약천제가 부처님의 위신력을 받아서 모든 주약천제 대중들을 두루 관하고 게송으로 말하였다.

如來智慧不思議
悉知一切衆生心
能以種種方便力
滅彼群迷無量苦

大雄善巧難測量
凡有所作無空過
必使衆生諸苦滅
栴檀林神能悟此

汝觀諸佛法如是
往昔勤修無量劫
而於諸有無所着
此離塵光所入門

여래께서는 부사의한 지혜로
일체 중생의 마음을 모두 알아
갖가지 방편의 힘으로
저 미혹한 중생들의 한량없는 고통을 없애주시네

부처님께서는 측량하기 어려운 공교롭고 좋은 방편으로
하시는 일마다 헛되지 않아
반드시 중생의 모든 고통을 없애주시니
전단림 주약천제가 이를 깨달았네

그대들은 모든 부처님의 법이 이러-함을 보라
지난 옛적 한량없는 겁 동안 부지런히 닦아
모든 유루의 세계*에 집착함이 없게 하시니
이에 이진광명 주약천제가 문에 들어갔네

佛百千劫難可遇
若有得見及聞名
必令獲益無空過
此普稱神之所了

如來一一毛孔中
悉放光明滅衆患
世間煩惱皆令盡
此現光神所入門

一切衆生癡所盲
惑業衆苦無量別
佛悉蠲除開智照
如是破暗能觀見

부처님은 백천겁에 만나기 어려운데
만약 보거나 이름만 들어도
반드시 이익을 얻게 하여 헛되이 지나치지 않으시니
이에 명칭보문 주약천제가 깨달았네

여래께서는 낱낱 털구멍 가운데서
광명 놓아 모든 근심 없애주고
세간의 번뇌를 모두 없애주시니
이에 모공현광 주약천제가 문에 들어갔네

모든 중생들의 어리석음에 눈이 먼
미혹한 업과 온갖 고통이 한량없이 서로 다르거늘
부처님께서 지혜로 비추어 모두 없애주시니
이러함을 파암청정 주약천제가 관하여 보았네

如來一音無限量
能開一切法門海
衆生聽者悉了知
此是大音之解脫

汝觀佛智難思議
普現諸趣救群生
能令見者皆從化
此蔽日幢深悟了

如來大悲方便海
爲利世間而出現
廣開正道示衆生
此見方神能了達

여래의 온통인 음성은 한량이 없어
모든 법문바다를 능히 열어서
중생들이 듣는 이마다 모두 밝게 알게 하시니
이에 보발후성 주약천제가 해탈했네

그대들은 사의하기 어려운 부처님의 지혜를 관하라
육도에 널리 나투어 중생들을 구제해서
보는 이마다 모두 교화를 따르게 하시니
이를 폐일광당 주약천제가 깊이 깨달아 마쳤네

여래께서 큰 자비의 방편바다로
세간을 이롭게 하려고 출현해서
바른 길 널리 열어 중생에게 보이시니
이를 명견시방 주약천제가 요달했네

如來普放大光明
一切十方無不照
令隨念佛生功德
此發威光解脫門

여래께서 큰 광명을 널리 놓아

시방의 모든 세계를 두루 비추어

부처님을 생각함을 따라서 공덕이 나게 하시니

보발위광 주약천제가 해탈한 문도 이와 같네

復次布華如雲主林神 得廣大無邊智海藏解脫門 擢幹舒光主
林神 得廣大修治 普清淨解脫門 生芽發曜主林神 得增長種
種淨信芽解脫門 吉祥淨葉主林神 得一切清淨功德莊嚴聚解
脫門 垂布焰藏主林神 得普門清淨慧 恒周覽法界解脫門 妙
莊嚴光主林神 得普知一切衆生行海 而興布法雲解脫門 可
意雷聲主林神 得忍受一切不可意聲 演清淨音解脫門 香光
普徧主林神 得十方普現昔所修治廣大行境界解脫門

주림천제들의 해탈문과 포화여운 주림천제의 계송

또한 포화여운 주림천제는 광대하여 끝없는 지혜바다의
보배장해탈문을 얻었고,

탁간서광 주림천제는 광대하게 닦아 익혀서 두루 청정하
게 하는 해탈문을 얻었으며,

생아발요 주림천제는 갖가지 청정한 믿음의 싹 틔우기를
더욱 더하게 하는 해탈문을 얻었고,

길상정엽 주림천제는 모든 청정한 공덕장엄을 모으는 해
탈문을 얻었으며,

수포염장 주림천제는 보문*의 청정한 지혜로 항상 법계
를 모두 보는 해탈문을 얻었고,

묘장엄광 주림천제는 모든 중생의 수행바다를 널리 알아
서 법구름을 일으켜 펼치는 해탈문을 얻었으며,

가의뇌성 주림천제는 뜻에 맞지 않는 모든 소리를 참고 받
아들여 청정한 음성으로 널리 펴게 하는 해탈문을 얻었고,

향광보변 주림천제는 옛적에 닦아 다스렸던 광대한 수행
의 경계를 시방에 두루 나투는 해탈문을 얻었으며,

妙光迴曜主林神 得以一切功德法 饒益世間解脫門 華果光
味主林神 得能令一切 見佛出興 常敬念不忘 莊嚴功德藏解
脫門 爾時 布華如雲主林神 承佛威力 普觀一切主林神衆
而說頌言

묘광회요 주림천제는 모든 공덕법으로 세간을 이롭게 하는 해탈문을 얻었고,

화과광미 주림천제는 모든 이들이 부처님께서 출현하심을 보면 항상 공경하는 생각을 잊지 않고 장엄케 하는 공덕의 보배장 해탈문을 얻었다.

이때 포화여운 주림천제가 부처님의 위신력을 받아서 모든 주림천제 대중들을 두루 관하고 게송으로 말하였다.

佛昔修習菩提行
福德智慧悉成滿
一切諸力皆具足
放大光明出世間

悲門無量等衆生
如來往昔普淨治
是故於世能爲益
此攉幹神之所了

若有衆生一見佛
必使入於深信海
普示一切如來道
此妙芽神之解脫

부처님께서 옛적에 닦아 익힌 보리행으로
복덕과 지혜를 모두 원만히 이루어
일체 모든 능력 다 구족하여
큰 광명을 놓으며 세간에 나오셨네

중생들에게 평등한 자비문 한량없음은
여래께서 지난 옛적 널리 청정하게 닦음으로써
세상을 이롭게 하심이니
이를 탁간서광 주림천제가 깨달았네

만약 어떤 중생이 한 번만이라도 부처님을 뵈면
반드시 깊은 믿음바다에 들게 하여
모든 여래의 도를 널리 보이시니
이에 묘아발요 주림천제가 해탈했네

一毛所集諸功德
劫海宣揚不可盡
諸佛方便難思議
淨葉能明此深義

我念如來於往昔
供養刹塵無量佛
一一佛所智漸明
此焰藏神之所了

一切衆生諸行海
世尊一念悉了知
如是廣大無礙智
妙莊嚴神能悟入

한 터럭에까지 쌓인 모든 공덕을
겁해에 세상에 널리 알린다 해도 다할 수 없어서
모든 부처님들의 방편 사의하기 어렵거늘
길상정엽 주림천제가 이 깊은 뜻을 밝혔네

내가 생각하니 여래께서 지난 옛적에
티끌같이 한량없는 부처님들께 공양하여
한 분 한 분 부처님 처소마다 지혜가 점점 밝아졌으니
이를 수포염장 주림천제가 깨달았네

모든 중생의 온갖 행의 바다를
세존께서 온통인 생각으로 모두 밝게 아시는
이러-히 광대한 걸림 없는 지혜에
묘장엄광 주림천제가 깨달아 들어갔네

恒演如來寂妙音
普生無等大歡喜
隨其解欲皆令悟
此是雷音所行法

如來示現大神通
十方國土皆周徧
佛昔修行悉令見
此普香光所入門

衆生諂誑不修德
迷惑沈流生死中
爲彼闡明衆智道
此妙光神之所見

여래께서 항상 고요한 묘음으로 널리 펴서
짝할 것 없는 큰 환희심 두루 내게 하여
그 알고자 하는 바를 따라 모두 깨닫게 하시니
가의뇌성 주림천제가 행하는 법도 이와 같네

여래께서 큰 신통을 나투어 보여
시방의 모든 국토에 두루하게 해서
부처님의 옛적 수행을 모두 보게 하시니
이에 향광보변 주림천제가 문에 들어갔네

중생이 간사하여 덕을 닦지 않고
미혹해서 생사에 빠져 헤매기에
저들을 위해 갖가지 지혜의 도를 밝게 펼치시니
이를 묘광회요 주림천제가 보았네

佛爲業障諸衆生
經於億劫時乃現
其餘念念常令見
此味光神所觀察

부처님께서 업의 장애를 받는 모든 중생을 위해
억겁이 지날 때까지 나투어
끊임없이 생각생각마다 항상 보게 하시니
이를 화과광미 주림천제가 관찰했네

復次寶峰開華主山神 得入大寂定光明解脫門 華林妙髻主山
神 得修集慈善根 成熟不可思議數衆生解脫門 高幢普照主
山神 得觀察一切衆生心所樂 嚴淨諸根解脫門 離塵寶髻主
山神 得無邊劫海 勤精進無厭怠解脫門 光照十方主山神 得
以無邊功德光 普覺悟解脫門 大力光明主山神 得能自成熟
復令衆生 捨離愚迷行解脫門 威光普勝主山神 得拔一切苦
使無有餘解脫門

또한 보봉개화 주산천제는 크게 고요한 선정의 광명에 들어가는 해탈문을 얻었고,

화림묘계 주산천제는 자비의 선근을 닦아 모아서 헤아릴 수 없는 수의 중생을 성숙시키는 해탈문을 얻었으며,

고당보조 주산천제는 모든 중생들 마음의 즐기는 것을 관찰하여 모든 근을 청정하게 장엄케 하는 해탈문을 얻었고,

이진보계 주산천제는 끝없는 겁해에 부지런히 정진하여 싫어함과 게으름이 없는 해탈문을 얻었으며,

광조시방 주산천제는 가없는 공덕의 광명으로 널리 깨우쳐 깨닫게 하는 해탈문을 얻었고,

대력광명 주산천제는 능히 스스로 성숙케 하여 다시 중생들로 하여금 어리석고 미혹한 행을 버리고 여의게 하는 해탈문을 얻었으며,

위광보승 주산천제는 모든 고통에서 남김없이 빼내는 해탈문을 얻었고,

微密光輪主山神　得演教法光明　顯示一切如來功德解脫門
普眼現見主山神　得令一切衆生　乃至於夢中　增長善根解脫
門　金剛堅固眼主山神　得出現無邊大義海解脫門　爾時　開
華市地主山神　承佛威力　普觀一切主山神衆　而說頌言

미밀광륜 주산천제는 광명으로 모든 여래의 공덕을 나투어 보여 가르침의 법을 널리 펴는 해탈문을 얻었으며,

보안현견 주산천제는 모든 중생들이 꿈속에서까지도 선근을 더욱 더하게 하는 해탈문을 얻었고,

금강견고안 주산천제는 가없이 큰 뜻의 바다를 나투는 해탈문을 얻었다.

이때 개화잡지 주산천제가 부처님의 위신력을 받아서 모든 주산천제 대중들을 두루 관하고 게송으로 말하였다.

往修勝行無有邊
今獲神通亦無量
法門廣闢如塵數
悉使衆生深悟喜

衆相嚴身偏世間
毛孔光明悉清淨
大慈方便示一切
華林妙髻悟此門

佛身普現無有邊
十方世界皆充滿
諸根嚴淨見者喜
此法高幢能悟入

옛적에 닦은 수승한 행 끝이 없고
지금에 얻은 신통 또한 한량없으므로
티끌 수 같은 법문을 널리 열어서
중생들로 하여금 깊이 깨달아 기쁘게 하셨네

온갖 모습의 장엄한 몸이 세간에 두루하여
털구멍의 광명까지 모두 청정함을
큰 자비의 방편으로 모두에게 보이시니
화림묘계 주산천제가 이 문을 깨달았네

부처님의 몸 두루 가없이 나투어
시방세계에 모두 충만케 하여
모든 근을 청정하게 장엄해서 보는 이마다 기쁘게 하시니
이 법에 고당보조 주산천제가 깨달아 들어갔네

歷劫勤修無懈倦
不染世法如虛空
種種方便化群生
悟此法門名寶髻

衆生盲暗入險道
佛哀愍彼舒光照
普使世間從睡覺
威光悟此心生喜

昔在諸有廣修行
供養刹塵無數佛
令衆生見發大願
此地大力能明入

지난 겁에 게으름 없이 부지런히 수행하여
허공과 같이 세간법에 물들지 않는 데에서
갖가지 방편을 써서 중생들을 교화하시니
이 법문을 깨달은 이가 이진보계 주산천제라네

중생들이 눈이 멀어 험한 길 들어감에
부처님께서 가엾이 여겨 광명을 비추어
널리 세간을 잠에서 깨어나게 하시니
광조시방 주산천제가 이를 깨달아 마음에 기쁨을 내었네

옛적에 모든 유루의 세계에서 널리 수행할 제
셀 수 없는 티끌세계의 부처님들께 공양하여
중생들이 보고 큰 서원 발하게 하시니
이 경지에 대력광명 주산천제가 밝게 들어갔네

見諸衆生流轉苦
一切業障恒纏覆
以智慧光悉滅除
此普勝神之解脫

一一毛孔出妙音
隨衆生心讚諸佛
悉徧十方無量劫
此是光輪所入門

佛徧十方普現前
種種方便說妙法
廣益衆生諸行海
此現見神之所悟

모든 중생들의 윤회하는 고통과
일체 업장에 항상 얽히고 덮여 있음을 보고
지혜광명으로 모두 멸해 없애주시니
이에 위광보승 주산천제가 해탈했네

낱낱의 털구멍에서 묘한 음성 내어
중생들의 마음을 따라주신 모든 부처님을 찬탄함이
한량없는 겁 동안 시방에 모두 두루하게 하시니
이에 미밀광륜 주산천제가 문에 들어갔네

부처님께서 시방에 두루 널리 나투어
갖가지 방편으로 묘한 법을 설하여
널리 중생들을 이롭게 하신 온갖 행의 바다여
이를 보안현견 주산천제가 깨달았네

法門如海無邊量
一音爲說悉令解
一切劫中演不窮
入此方便金剛目

바다같이 가없고 한량없는 법문을
온통인 소리로 말하여 모두 다 알게 하신 것을
모든 겁에 널리 편다 해도 다할 수 없으니
이 방편에 금강견고안 주산천제가 들어갔네

復次普德淨華主地神 得以慈悲心 念念普觀一切衆生解脫門
堅福莊嚴主地神 得普現一切衆生福德力解脫門 妙華嚴樹主
地神 得普入諸法 出生一切佛刹莊嚴解脫門 普散衆寶主地
神 得修習種種諸三昧 令衆生 除障垢解脫門 淨目觀時主
地神 得令一切衆生 常遊戲快樂解脫門 金色妙眼主地神 得
示現一切清淨身 調伏衆生解脫門 香毛發光主地神 得了知
一切佛功德海大威力解脫門 寂音悅意主地神 得普攝持一切
衆生言音海解脫門

주지천제들의 해탈문과 보덕정화 주지천제의 게송

또한 보덕정화 주지천제는 자비심으로써 생각생각마다 모든 중생들을 널리 관하는 해탈문을 얻었고,

견복장엄 주지천제는 모든 중생에게 복덕의 힘을 널리 나타내는 해탈문을 얻었으며,

묘화엄수 주지천제는 모든 법에 널리 들어가서 일체 부처님세계의 장엄을 출현시키는 해탈문을 얻었고,

보산중보 주지천제는 갖가지 모든 삼매를 닦아 익혀서 모든 중생에게 장애되는 허물을 없애주는 해탈문을 얻었으며,

정목관시 주지천제는 모든 중생이 항상 기쁘고 즐거움으로 유희하게 하는 해탈문을 얻었고,

금색묘안 주지천제는 모든 청정한 몸을 나투어 보여 중생을 조복시키는 해탈문을 얻었으며,

향모발광 주지천제는 모든 부처님의 공덕바다와 큰 위신력을 밝게 아는 해탈문을 얻었고,

적음열의 주지천제는 널리 모든 중생의 음성바다를 두루 거두어 지니는 해탈문을 얻었으며,

妙華旋髻主地神 得充滿佛刹離垢性解脫門 金剛普持主地神
得一切佛法輪所攝持 普出現解脫門 爾時 普德淨華主地神
承佛威力 普觀一切主地神衆 而說頌言

묘화선계 주지천제는 번뇌를 여읜 성품으로 부처님세계를 충만케 하는 해탈문을 얻었고,

금강보지 주지천제는 모든 부처님의 법륜을 거두어 지녀서 널리 출현하는 해탈문을 얻었다.

이때 보덕정화 주지천제가 부처님의 위신력을 받아서 모든 주지천제 대중들을 두루 관하고 게송으로 말하였다.

如來往昔念念中
大慈悲門不可說
如是修行無有已
故得堅牢不壞身

三世衆生及菩薩
所有一切衆福聚
悉現如來毛孔中
福嚴見已生歡喜

廣大寂靜三摩地
不生不滅無來去
嚴淨國土示衆生
此樹華神之解脫

여래께서 지난 옛적 생각생각마다
말로 할 수 없는 대자비문의
이러-한 수행이 끝이 없었기에
견고하여 무너지지 않는 몸 얻으셨네

삼세의 중생과 보살에 이르기까지
일체 모든 복무더기를
여래의 털구멍 속에서 모두 나투시니
견복장엄 주지천제가 보고 환희심 내었네

광대한 열반인 삼매에는
남〔生〕도, 멸함도, 오고 감도 없으나
청정하게 장엄한 국토를 중생들에게 보이시니
이에 묘화엄수 주지천제가 해탈했네

佛於往昔修諸行
爲令衆生消重障
普散衆寶主地神
見此解脫生歡喜

如來境界無邊際
念念普現於世間
淨目觀時主地神
見佛所行心慶悅

妙音無限不思議
普爲衆生滅煩惱
金色眼神能了悟
見佛無邊勝功德

부처님께서 지난 옛적에 모든 행을 닦아
중생들이 무거운 업장을 없애게끔 하셨으니
보산중보 주지천제가
이 해탈을 보고 환희심 내었네

부처님의 경계는 끝도 갓도 없으므로
생각생각마다 세간에 널리 나투시니
정목관시 주지천제가
부처님의 행한 바를 보고 마음으로 경축하고 기뻐했네

묘한 음성 무한하여 부사의해서
널리 중생을 위해 번뇌를 없애주시니
금색묘안 주지천제가 밝게 깨달아
부처님의 가없고 수승한 공덕을 보았네

一切色形皆化現
十方法界悉充滿
香毛發光常見佛
如是普化諸衆生

妙音普徧於十方
無量劫中爲衆說
悅意地神心了達
從佛得聞深敬喜

佛毛孔出香焰雲
隨衆生心徧世間
一切見者皆成熟
此是華旋所觀處

모든 색과 형상으로 화현하여
시방법계에 모두 충만하시니
향모발광 주지천제가 항상 부처님께서
이렇게 두루 모든 중생들을 교화하심을 보았네

묘한 음성으로 시방에 널리 두루하여
한량없는 겁 동안 중생 위해 설하심에
적음열의 주지천제가 마음으로 요달해서
부처님으로부터 듣고 매우 공경하고 기뻐했네

부처님 털구멍에서 향기나는 불꽃 같은 구름을 내어
중생들의 마음 따라 세간에 두루케 하여
보는 이마다 모두 성숙케 하니
이것이 묘화선계 주지천제가 관한 곳이라네

堅固難壞如金剛
不可傾動踰須彌
佛身如是處世間
普持得見生歡喜

금강과 같이 견고하여 무너짐 없고
수미산처럼 움직임이 없이
부처님 몸, 이러-히 세상에 머무시니
금강보지 주지천제가 보고 환희심 내었네

復次寶峰光耀主城神 得方便利益衆生解脫門 妙嚴宮殿主城神 得知衆生根 敎化成熟解脫門 淸淨喜寶主城神 得常歡喜令一切衆生 受諸福德解脫門 離憂淸淨主城神 得救諸怖畏大悲藏解脫門 華燈焰眼主城神 得普明了大智慧解脫門 焰幢明現主城神 得普方便示現解脫門 盛福威光主城神 得普觀察一切衆生 令修廣大福德海解脫門 淨光明身主城神 得開悟一切愚暗衆生解脫門

주성천제들의 해탈문과 보봉광요 주성천제의 게송

또한 보봉광요 주성천제는 방편으로 중생을 이롭게 하는 해탈문을 얻었고,

묘엄궁전 주성천제는 중생의 근기를 알아서 교화하여 성숙케 하는 해탈문을 얻었으며,

청정희보 주성천제는 항상 환희심으로 모든 중생이 온갖 복덕을 받게 하는 해탈문을 얻었고,

이우청정 주성천제는 온갖 두려움에서 구제해 주는 큰 자비의 보배장해탈문을 얻었으며,

화등염안 주성천제는 큰 지혜를 두루 밝게 깨닫는 해탈문을 얻었고,

염당명현 주성천제는 두루한 방편으로 나타내 보이는 해탈문을 얻었으며,

성복위광 주성천제는 널리 모든 중생을 관찰하여 광대한 복덕바다를 닦게 하는 해탈문을 얻었고,

정광명신 주성천제는 모든 어리석고 어두운 중생들을 깨닫게 하는 해탈문을 얻었으며,

香幢莊嚴主城神 得觀如來自在力 普徧世間 調伏衆生解脫
門 寶峰光目主城神 得能以大光明 破一切衆生障礙山解脫
門 爾時 寶峰光耀主城神 承佛威力 普觀一切主城神衆 而
說頌言

향당장엄 주성천제는 여래의 자재한 힘이 세간에 두루해
서 중생을 조복시키는 것을 관하는 해탈문을 얻었고,

보봉광목 주성천제는 능히 큰 광명으로써 모든 중생들의
산과 같은 장애를 부숴버리는 해탈문을 얻었다.

이때 보봉광요 주성천제가 부처님의 위신력을 받아서 주
성천제 대중들을 두루 관하고 게송으로 말하였다.

導師如是不思議
光明徧照於十方
衆生現前悉見佛
教化成熟無央數

諸衆生根各差別
佛悉了知無有餘
妙嚴宮殿主城神
入此法門心慶悅

如來無量劫修行
護持往昔諸佛法
意常承奉生歡喜
妙寶城神悟此門

부처님께서는 이러-히 부사의해서
광명으로 시방을 두루 비추어
중생들 목전마다 나투어 모두가 부처님을 보게 하시니
교화하여 성숙시킴, 수로 셀 수 없네

모든 중생들의 근기가 각각 다르나
부처님께서 남김없이 다 밝게 아시니
묘엄궁전 주성천제가
이 법문에 들어가 마음으로 경축하고 기뻐했네

여래께서 한량없는 겁 동안 수행하여
지난 옛적에 모든 불법을 보호해 지녀서
마음으로 항상 받들어 섬겨 환희심 내었으니
청정희보 주성천제가 이 문을 깨달았네

如來昔已能除遣
一切衆生諸恐怖
而恒於彼起慈悲
此離憂神心悟喜

佛智廣大無有邊
譬如虛空不可量
華目城神斯悟悅
能學如來之妙慧

如來色相等衆生
隨其樂欲皆令見
焰幢明現心能悟
習此方便生歡喜

여래께서 예전에 이미
일체 중생들의 모든 공포를 없애려고
항상 저들에게 자비심을 일으키셨으니
이를 이우청정 주성천제가 마음으로 깨닫고 기뻐했네

부처님의 지혜 광대하여 가없어
마치 허공 같아 헤아릴 수 없거늘
화등염안 주성천제가 이를 깨닫고 기뻐하여
여래의 묘한 지혜를 능히 배웠네

여래께서는 중생들과 같은 색상으로
그들이 좋아하는 욕구 따라 모두 보게 하시니
염당명현 주성천제가 깨달은 마음으로
이 방편을 익혀서 환희심 내었네

如來往修衆福海
淸淨廣大無邊際
福德幢光於此門
觀察了悟心欣慶

衆生愚迷諸有中
如世生盲卒無睹
佛爲利益興於世
淸淨光神入此門

如來自在無有邊
如雲普徧於世間
乃至現夢令調伏
此是香幢所觀見

여래께서 옛적에 닦은 온갖 복바다가
청정하고 광대하여 끝이 없거늘
성복위광 주성천제가 이 법문을
밝게 관찰하여 깨달은 마음으로 기뻐하고 경축했네

모든 유루의 세계 가운데 어리석고 미혹한 중생들이
세상에 날 때부터 아무 것도 보지 못하는 장님과 같은데
부처님께서 세간에 이익을 주시니
정광명신 주성천제가 이 문에 들어갔네

여래의 자재함 가없어서
구름처럼 세간에 널리 두루하여
꿈속에까지 나투어 조복시키니
이를 향당장엄 주성천제가 관하여 보았네

衆生癡暗如盲瞽
種種障蓋所纏覆
佛光照徹普令開
如是寶峰之所入

중생의 어리석은 어둠이 소경과 같아서
온갖 장애에 얽히고 덮여 있거늘
부처님께서 밝게 비추는 광명으로 널리 깨우쳐주시니
이러함에 보봉광목 주성천제가 들어갔네

復次淨莊嚴幢道場神　得出現供養佛廣大莊嚴具誓願力解脫
門　須彌寶光道場神　得現一切衆生前　成就廣大菩提行解脫
門　雷音幢相道場神　得隨一切衆生心所樂　令見佛於夢中　爲
說法解脫門　雨華妙眼道場神　得能雨一切難捨衆寶莊嚴具解
脫門　淸淨熖形道場神　得能現妙莊嚴道場　廣化衆生　令成熟
解脫門　華纓垂髻道場神　得隨根說法　令生正念解脫門　雨寶
莊嚴道場神　得能以辯才　普雨無邊歡喜法解脫門

도량천제들의 해탈문과 정장엄당 도량천제의 게송

또한 정장엄당 도량천제는 서원력으로 광대한 장엄구를 갖추어 출현해서 부처님께 공양 올리는 해탈문을 얻었고,

수미보광 도량천제는 모든 중생들 앞에 나투어 광대한 보리행을 성취하게 하는 해탈문을 얻었으며,

뇌음당상 도량천제는 모든 중생이 마음으로 즐거워하는 바를 따라서 부처님을 꿈속에서도 보게 하여 설법하는 해탈문을 얻었고,

우화묘안 도량천제는 모든 버리기 어려운 보배장엄구를 비 내리듯 하는 해탈문을 얻었으며,

청정염형 도량천제는 묘하게 장엄한 도량을 나투어 널리 중생을 교화하고 성숙케 하는 해탈문을 얻었고,

화영수계 도량천제는 근기를 따라 법을 설하여 바른 생각을 내게 하는 해탈문을 얻었으며,

우보장엄 도량천제는 능히 변재로써 가없는 환희의 법을 비 내리듯 하는 해탈문을 얻었고,

勇猛香眼道場神 得廣稱讚諸佛功德解脫門 金剛彩雲道場神
得示現無邊色相樹 莊嚴道場解脫門 蓮華光明道場神 得菩
提樹下 寂然不動 而充徧十方解脫門 妙光照耀道場神 得顯
示如來種種力解脫門 爾時 淨莊嚴幢道場神 承佛威力 普
觀一切道場神衆 而說頌言

용맹향안 도량천제는 모든 부처님의 공덕을 널리 찬탄하는 해탈문을 얻었으며,

금강채운 도량천제는 가없는 색상의 나무를 나투어 보여 도량을 장엄하는 해탈문을 얻었고,

연화광명 도량천제는 보리수 아래 고요히 움직임이 없는, 시방에 가득하고 두루한 해탈문을 얻었으며,

묘광조요 도량천제는 여래의 온갖 능력을 나투어 보이는 해탈문을 얻었다.

이때 정장엄당 도량천제가 부처님의 위신력을 받아서 모든 도량천제 대중들을 두루 관하고 게송으로 말하였다.

我念如來往昔時
於無量劫所修行
諸佛出興咸供養
故獲如空大功德

佛昔修行無盡施
無量刹土微塵等
須彌光照菩提神
憶念善逝心欣慶

如來色相無有窮
變化周流一切刹
乃至夢中常示現
雷幢見此生歡喜

내가 생각하니 여래께서 지난 옛적에
한량없는 겁 동안 수행하면서
모든 부처님들이 나실 때마다 모두 공양하신 까닭에
허공같이 큰 공덕을 얻으셨네

부처님께서 옛적에 다함 없는 보시를 닦아 행한 것이
한량없는 세계의 가는 티끌 수와 같으니
수미보광 도량천제가
부처님을 마음 깊이 잊지 않아 기뻐하고 경축했네

여래께서는 다함 없는 색상으로 화현하여
모든 세계를 두루 다니며
꿈속에까지 항상 나투어 보이시니
뇌음당상 도량천제가 이를 보고 환희심 내었네

昔行捨行無量劫
能捨難捨眼如海
如是捨行爲衆生
此妙眼神能悟悅

無邊色相寶焰雲
現菩提場徧世間
焰形淸淨道場神
見佛自在生歡喜

衆生行海無有邊
佛普彌綸雨法雨
隨其根解除疑惑
華纓悟此心歡喜

옛적에 베푸는 수행을 한량없는 겁 동안 행하여
능히 베풀기 어려운 눈[眼]까지 베풀었던 일, 바다 같아
이와 같이 베푸는 행으로 중생을 위하셨으니
이를 우화묘안 도량천제가 깨닫고 기뻐했네

가없는 색상의 보배불꽃구름을
보리도량에 나투어 세간에 두루케 하시니
청정염형 도량천제가
부처님의 자재함을 보고 환희심 내었네

중생들 행의 바다가 끝이 없거늘
부처님께서 널리 법비를 내려 모두 포섭하여
근기와 지혜 따라 의혹을 없애주시니
화영수계 도량천제가 이를 깨달아 마음으로 환희했네

無量法門差別義
辯才大海皆能入
雨寶嚴具道場神
於心念念恒如是

於不可說一切土
盡世言辭稱讚佛
故獲名譽大功德
此勇眼神能憶念

種種色相無邊樹
普現菩提樹王下
金剛彩雲悟此門
恒觀道樹生歡喜

한량없는 법문의 차별된 이치에
대해와 같은 변재로 다 들어가게 하시니
우보장엄 도량천제가 갖추어
마음의 생각생각마다 항상 이러-하네

말로 할 수 없는 모든 국토에서
온갖 세상의 말을 다해 부처님들을 찬양하여
명예로운 큰 공덕을 얻으셨으니
이를 용맹향안 도량천제가 마음 깊이 지녀 잊지 않네

갖가지 색상의 가없는 나무들을
보리수 아래 널리 나투시니
금강채운 도량천제가 이 문을 깨달아서
보리수*를 항상 관하여 환희심 내네

十方邊際不可得
佛坐道場智亦然
蓮華步光淨信心
入此解脫深生喜

道場一切出妙音
讚佛難思淸淨力
及以成就諸因行
此妙光神能聽受

시방세계의 끝을 얻을 수 없듯
도량에 앉으신 부처님의 지혜도 그러하니
연화광명 도량천제가 청정한 신심으로
이 해탈에 들어가서 매우 기뻐했네

도량의 모든 곳에서 묘음을 내어
부처님의 생각하기 어려운 청정한 능력과
모든 인행(因行) 성취하심을 찬탄하니
이를 묘광조요 도량천제가 듣고 받아들였네

復次寶印手足行神 得普雨衆寶 生廣大歡喜解脫門 蓮華光
足行神 得示現佛身 坐一切光色蓮華座 令見者歡喜解脫門
最勝華髻足行神 得一一心念中 建立一切如來 衆會道場解
脫門 攝諸善見足行神 得擧足發步 悉調伏無邊衆生解脫門
妙寶星幢足行神 得念念中 化現種種蓮華網光明 普雨衆寶
出妙音聲解脫門 樂吐妙音足行神 得出生無邊歡喜海解脫門
栴檀樹光足行神 得以香風 普覺一切道場衆會解脫門

족행천제들의 해탈문과 보인수 족행천제의 계송

또한 보인수 족행천제는 온갖 보배를 널리 비 내리듯 하여 광대한 환희를 내게 하는 해탈문을 얻었고,

연화광 족행천제는 부처님 몸이 모든 빛깔의 연화좌에 앉아 계시는 것을 나투어 보여서 보는 이를 기쁘게 하는 해탈문을 얻었으며,

최승화계 족행천제는 마음의 낱낱 생각마다 모든 여래의 대중이 모이는 도량을 건립하는 해탈문을 얻었고,

섭제선견 족행천제는 발을 들어 걸음을 옮길 때마다 끝없는 중생에게 모두 조복 받는 해탈문을 얻었으며,

묘보성당 족행천제는 생각생각 가운데 갖가지 연꽃그물광명을 화현으로 나투고, 온갖 보배를 두루 비 내리듯 하며, 묘한 음성을 내는 해탈문을 얻었고,

낙토묘음 족행천제는 가없는 환희바다를 나투는 해탈문을 얻었으며,

전단수광 족행천제는 향기로운 바람으로 모든 도량에 모인 대중들을 두루 깨닫게 하는 해탈문을 얻었고,

蓮華光明足行神 得一切毛孔 放光明 演微妙法音解脫門 微
妙光明足行神 得其身 徧出種種光明網 普照耀解脫門 積集
妙華足行神 得開悟一切衆生 令生善根海解脫門 爾時 寶印
手足行神 承佛威力 普觀一切足行神衆 而說頌言

연화광명 족행천제는 모든 털구멍에서 광명을 놓아 미묘
한 법음을 널리 베푸는 해탈문을 얻었으며,

미묘광명 족행천제는 그 몸에서 갖가지 광명그물을 두루
내어 널리 비추어 빛나게 하는 해탈문을 얻었고,

적집묘화 족행천제는 모든 중생을 깨닫게 하여 선근바다
를 내게 하는 해탈문을 얻었다.

이때 보인수 족행천제가 부처님의 위신력을 받아서 족행
천제 대중들을 두루 관하고 게송으로 말하였다.

佛昔修行無量劫
供養一切諸如來
心恒慶悅不疲厭
喜門深大猶如海

念念神通不可量
化現蓮華種種香
佛坐其上普遊往
紅色光神皆睹見

諸佛如來法如是
廣大衆會徧十方
普現神通不可議
最勝華神悉明矚

부처님께서 옛적 한량없는 겁 동안 수행할 제
일체 모든 여래께 공양하면서
항상 경축하고 기뻐하여 피로하고 싫어함이 없었기에
기쁨의 문, 깊고 큼이 바다 같네

생각생각마다 신통이 한량없어서
연꽃의 갖가지 향기 속에 화현한 부처님께서
그 위에 앉아 두루 노니심을
연화광 족행천제가 모두 보았네

모든 부처님인 여래의 법이 이러-해서
시방에 두루 광대한 대중모임에서
널리 나툰 신통, 말로 할 수 없음을
최승화계 족행천제가 모두 밝게 보았네

十方國土一切處
於中擧足若下足
悉能成就諸群生
此善見神心悟喜

如衆生數普現身
此一一身充法界
悉放淨光雨衆寶
如是解脫星幢入

如來境界無邊際
普雨法雨皆充滿
衆會睹佛生歡喜
此妙音聲之所見

시방세계 모든 곳에서
발을 들거나 내리는 것만으로도
일체 중생들을 모두 성취케 하시니
섭제선견 족행천제가 마음에 깨달아 기뻐했네

중생의 수와 같이 널리 몸을 나투어
이 낱낱의 몸, 법계에 가득하게 하여
청정한 광명 놓아 온갖 보배 비 내리듯 하시니
이러-한 해탈에 묘보성당 족행천제가 들어갔네

여래의 경계, 끝이 없어서
널리 법비 내려 모두가 충만케 하심에
모인 대중들이 부처님을 뵙고 환희심 내니
이를 낙토묘음 족행천제가 보았네

佛音聲量等虛空
一切音聲悉在中
調伏眾生靡不徧
如是栴檀能聽受

一切毛孔出化音
闡揚三世諸佛名
聞此音者皆歡喜
蓮華光神如是見

佛身變現不思議
步步色相猶如海
隨眾生心悉令見
此妙光明之所得

부처님의 음성, 허공과 같은 성량으로
일체 음성을 모두 그 가운데에 지녀
중생들을 두루 조복시키니
이 같음을 전단수광 족행천제가 능히 듣고 받아들였네

모든 털구멍에서 화현한 음성을 내어
삼세 모든 부처님의 명호를 널리 드날리심에
이 소리를 듣는 이마다 모두 환희하니
연화광명 족행천제가 이러-히 보았네

부처님께서 몸을 변화하여 나툼, 부사의해서
걸음걸음마다 색상을 바다와 같이 하여
중생들의 마음 따라 모두 보게끔 하시니
이를 미묘광명 족행천제가 깨달았네

十方普現大神通
一切衆生悉開悟
衆妙華神於此法
見已心生大歡喜

시방에 큰 신통을 두루 나투어
일체 중생들이 모두 깨닫게 하시니
적집묘화 족행천제가 이 법을 보고서
마음에 크게 환희심 내었네

復次淨喜境界身衆神 得憶佛往昔誓願海解脫門 光照十方身
衆神 得光明普照無邊世界解脫門 海音調伏身衆神 得大音
普覺一切衆生 令歡喜調伏解脫門 淨華嚴髻身衆神 得身如
虛空 周徧住解脫門 無量威儀身衆神 得示一切衆生諸佛境
界解脫門 最勝光嚴身衆神 得令一切飢乏衆生 色力滿足解
脫門 淨光香雲身衆神 得除一切衆生 煩惱垢解脫門 守護攝
持身衆神 得轉一切衆生 愚癡魔業解脫門

또한 정희경계 신중천제는 부처님의 지난 옛적 서원바다를 기억하는 해탈문을 얻었고,

광조시방 신중천제는 광명으로 가없는 세계를 두루 비추는 해탈문을 얻었으며,

해음조복 신중천제는 큰 음성으로 모든 중생을 널리 깨닫게 해서 기쁜 마음으로 조복케 하는 해탈문을 얻었고,

정화엄계 신중천제는 허공과 같은 몸으로 두루 널리 머무르는 해탈문을 얻었으며,

무량위의 신중천제는 일체 중생에게 모든 부처님의 경계를 보여주는 해탈문을 얻었고,

최승광엄 신중천제는 모든 굶주리고 가난한 중생들의 힘을 만족케 하는 해탈문을 얻었으며,

정광향운 신중천제는 모든 중생의 번뇌의 때를 없애주는 해탈문을 얻었고,

수호섭지 신중천제는 모든 중생의 어리석은 마의 업을 전환시키는 해탈문을 얻었으며,

普現攝化身衆神 得普於一切世主宮殿中 顯示莊嚴相解脫門
不動光明身衆神 得普攝一切衆生 皆令生淸淨善根解脫門
爾時 淨喜境界身衆神 承佛威力 普觀一切身衆神衆 而說
頌言

보현섭화 신중천제는 널리 모든 세간 왕의 궁전 가운데 장엄한 형상을 나타내 보이는 해탈문을 얻었고,

부동광명 신중천제는 일체 중생을 널리 거두어서 모두 청정한 선근을 내게 하는 해탈문을 얻었다.

이때 정희경계 신중천제가 부처님의 위신력을 받아서 모든 신중천제 대중들을 두루 관하고 게송으로 말하였다.

我憶須彌塵劫前
有佛妙光出興世
世尊於彼如來所
發心供養一切佛

如來身放大光明
其光法界靡不充
衆生遇者心調伏
此照方神之所見

如來聲震十方國
一切言音悉圓滿
普覺群生無有餘
調伏聞此心歡慶

내가 생각하니 수미산 티끌 수 같은 겁 전에
묘광(妙光) 부처님께서 세상에 나셨는데
세존께서 그 여래의 처소에서 발심하여
모든 부처님께 공양 올렸네

여래의 몸에서 큰 광명을 놓아
그 광명이 법계에 가득하게 하여
만나는 중생마다 마음을 조복케 하시니
이를 광조시방 신중천제가 보았네

여래의 음성이 시방국토를 진동시키는데
일체 말과 음성이 모두 다 원만해서
중생들을 남김없이 널리 깨닫게 하시니
해음조복 신중천제가 이를 듣고 마음으로 기뻐하고 경축했네

佛身淸淨恒寂滅
普現衆色無諸相
如是徧住於世間
此淨華神之所入

導師如是不思議
隨衆生心悉令見
或坐或行或時住
無量威儀所悟門

佛百千劫難逢遇
出興利益能自在
令世悉離貧窮苦
最勝光嚴入斯處

부처님의 몸 청정하여 항상 열반이라
온갖 색을 나투지만 모든 상이 없이
이러-히 세간에 두루 머무시니
이에 정화엄계 신중천제가 들어갔네

부처님께서는 이러-히 부사의해서
중생들의 마음 따라
앉고 다니고 머무심에 다 보게 하시니
무량위의 신중천제가 깨달은 문이라네

백천겁에도 만나기 어려운 부처님께서
출현하여 이롭게 하기를 능히 자재해서
세상의 가난과 고통 모두 여의게 하시니
최승광엄 신중천제가 여기에 들어갔네

如來一一齒相間
普放香燈光焰雲
滅除一切衆生惑
離垢雲神如是見

衆生染惑爲重障
隨逐魔徑常流轉
如來開示解脫道
守護執持能悟入

我觀如來自在力
光布法界悉充滿
處王宮殿化衆生
此普現神之境界

여래 낱낱의 치아 사이로
향기나는 등불광명불꽃구름을 널리 놓아
모든 중생들의 미혹함을 없애주시니
정광향운 신중천제가 때〔垢〕를 여의어 이러-함을 보았네

중생들이 물듦과 미혹함이 무거운 장애 되어
마군의 길을 따라 좇아 항상 윤회하는데
여래께서 해탈의 길을 열어 보이시니
수호섭지 신중천제가 능히 깨달아 들어갔네

내가 여래의 자재한 힘을 관하건대
온 법계에 퍼져 충만한 광명으로
왕궁에 계시면서 중생을 교화하시니
보현섭화 신중천제의 경계도 이렇네

衆生迷妄具衆苦
佛在其中常救護
皆令滅惑生喜心
不動光神所觀見

중생들이 어둡고 망령되어 온갖 고통 받거늘
부처님께서 그 속에서 항상 구제하고 보호하여
미혹을 없애주어 환희심을 내게 하시니
부동광명 신중천제가 관하여 보았네

復次妙色那羅延執金剛神 得見如來 示現無邊色相身解脫門
日輪速疾幢執金剛神 得佛身一一毛 如日輪 現種種光明雲
解脫門 須彌華光執金剛神 得化現無量身大神變解脫門 淸
淨雲音執金剛神 得無邊隨類音解脫門 妙臂天主執金剛神
得現爲一切世間主 開悟衆生解脫門 可愛樂光明執金剛神
得普開示一切佛法差別門 咸盡無遺解脫門 大樹雷音執金剛
神 得以可愛樂莊嚴具 攝一切樹神解脫門 師子王光明執金
剛神 得如來廣大福莊嚴聚 皆具足明了解脫門

집금강천제들의 해탈문과 묘색나라연 집금강천제
의 게송

또한 묘색나라연 집금강천제는 여래께서 나투어 보인 끝
없는 색상의 몸을 보는 해탈문을 얻었고,

일륜속질당 집금강천제는 부처님 몸의 낱낱의 털이 태양
처럼 갖가지 광명구름을 나투는 해탈문을 얻었으며,

수미화광 집금강천제는 한량없는 몸으로 화현하는 큰 신
통변화의 해탈문을 얻었고,

청정운음 집금강천제는 가없는 무리들의 음성을 따라주
는 해탈문을 얻었으며,

묘비천주 집금강천제는 모든 세간의 왕으로 나투어 중생
을 깨닫게 하는 해탈문을 얻었고,

가애락광명 집금강천제는 모든 부처님법의 차별문을 열
어 보이기를 남김없이 모두 다하는 해탈문을 얻었으며,

대수뇌음 집금강천제는 좋아하고 즐기는 장엄구로 모든
수(樹)천제들을 거두는 해탈문을 얻었고,

사자왕광명 집금강천제는 여래의 광대한 복으로 장엄한
무더기를 모두 밝게 알아 구족한 해탈문을 얻었으며,

密焰吉祥目執金剛神 得普觀察險惡衆生心 爲現威嚴身解脫
門 蓮華光摩尼髻執金剛神 得普雨一切菩薩 莊嚴具摩尼髻
解脫門 爾時 妙色那羅延執金剛神 承佛威力 普觀一切執金
剛神衆 而說頌言

밀염길상목 집금강천제는 험악한 중생의 마음을 두루 관찰해서 위엄있는 몸을 나투는 해탈문을 얻었고,

연화광마니계 집금강천제는 모든 보살의 장엄구들을 널리 비 내리듯 하는 마니상투 해탈문을 얻었다.

이때 묘색나라연 집금강천제가 부처님의 위신력을 받아서 모든 집금강천제 대중들을 두루 관하고 게송으로 말하였다.

汝應觀法王
法王法如是
色相無有邊
普現於世間

佛身一一毛
光網不思議
譬如淨日輪
普照十方國

如來神通力
法界悉周徧
一切衆生前
示現無盡身

그대들은 마땅히 법왕을 관하라
법왕의 법이 이러-하여
끝없는 색상으로
세간에 두루 나투셨네

부처님 몸 낱낱의 털끝마다
부사의한 광명의 그물이라
비유컨대 깨끗한 해와 같이
시방국토를 널리 비추시네

여래의 신통력이
법계에 두루하여
모든 중생들 앞에
다함 없는 몸을 나투어 보이시네

如來說法音
十方莫不聞
隨諸衆生類
悉令心滿足

衆見牟尼尊
處世宮殿中
普爲諸群生
闡揚於大法

法海漩澓處
一切差別義
種種方便門
演說無窮盡

여래께서 설법하시는 음성은
시방에 들리지 않는 곳이 없으니
일체 중생들 종류 따라
마음에 다 만족케 하네

대중들이 석가모니 세존을 보니
세간의 궁전에 계시면서
널리 모든 중생들을 위해
큰 법을 열어 드날리시네

법해의 소용돌이치는 곳
모든 차별의(差別義)를
갖가지 방편문으로
다함 없이 설하시네

無邊大方便
普應十方國
遇佛淨光明
悉見如來身

供養於諸佛
億刹微塵數
功德如虛空
一切所瞻仰

神通力平等
一切刹皆現
安坐妙道場
普現衆生前

끝이 없는 큰 방편으로
시방국토에 두루 응하시니
부처님의 청정한 광명을 만나면
모두 여래의 몸을 보네

모든 부처님께 공양 올리기를
억만 세계의 가는 티끌 수같이 하셨으니
그 공덕이 허공과 같아서
모든 곳에서 우러러보네

신통력으로 평등하게
일체 세계에 모두 나툼이여
묘한 도량에 편히 앉아
중생들 앞에 두루 나투시네

焰雲普照明
種種光圓滿
法界無不及
示佛所行處

불꽃구름 널리 밝게 비추어
온갖 광명이 원만해서
법계에 미치지 않음이 없이
부처님께서 행하시는 곳을 보이네

대원선사 결문

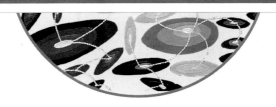

대원선사 결문(決文)

4권에 다음과 같은 송이 있다.

그대들은 마땅히 법왕을 관하라
법왕의 법이 이러-하여
끝없는 색상으로
세간에 두루 나투셨네

여래의 신통력이
법계에 두루하여
모든 중생들 앞에
다함 없는 몸을 나투어 보이시네

화엄경 원문에 '신(神)'이라고 일컬어진 분들, 즉 이 책에
서 '천제(天帝)'라고 번역된 분들이 바로 이렇게 나툰 분들
이다.

왜냐하면 이분들의 삼매와 깨달음, 그리고 중생들을 교화
하는 신통과 변재와 방편을 보면 실로 불보살님의 화신이
아니고는 불가능한 경지이기 때문이다.

중생들의 업에 따라 갖가지 세계가 있기에, 그 업에 따른
세계마다 불보살님들이 화현으로 나투어, 그릇 따라 법을
펴 구제하시는 것이 분명하다.

이러-한 불보살님들의 경지를 알려면 어찌해야 하는고?

포대화상 처마 밑에 앉아서 열반했고
남전화상 뜰에서 꽃 보며 웃었으며
대원은 구름학을 가리키며 서 있다

∽ 미주

* 겁해(劫海) : 겁의 수량이 바닷물처럼 많은 것을 겁해라고 한다.
* 당기 : 원문의 '당(幢)'은 절의 문 앞에 꽂는 깃발의 일종이다. 불보살의 위신과 공덕을 표하는 장엄구로서 장대 끝에 용머리 모양을 만들어 깃발을 달아 드리운다.
* 모든 유루의 세계 : 원문의 '제유(諸有)'를 때에 따라 '모든 미혹의 경계' 혹은 '모든 유루의 세계'라 번역하였다. 모든 유루의 세계는 삼계 즉 욕계, 색계, 무색계를 다 통틀어 말하는 것이다. 인간세계가 속해 있는 욕계에서 보자면 인간, 천상으로부터 축생, 아수라, 아귀, 지옥의 육도가 다 이에 속하며 유정은 물론 물, 불, 바람, 흙에 이르기까지의 무정까지의 모든 중생세계도 이에 속한다. 이 화엄경을 보면 불보살님의 교화는 이렇게 높고 낮고 크고 작은 것을 초월하여 극미세의 세계에까지 두루 미쳐 있다는 것을 알 수 있다. 이런 이치에 따라 '제유'를 '모든 유루의 세계'라고 번역하였다.
* 법해(法海) : 바다와 같이 깊고 광대한 가르침을 바다에 비유한 이름이다.
* 보리수 : 원문의 '도수(道樹)'는 보리수를 말한다. 각수(覺樹), 도량수(道量樹)라고도 한다.
* 보문(普門) : 일문(一門)에 일체 문(門)을 포섭한 것을 말한다. 일체 곳에 변만하게 통하고 걸림 없어 무량문이라고도 한다. 모든 부처

님들이 이 무량의 문을 열어 중생의 일체 고를 없애서 보리를 성취
하게 한다.

* 보배장 : 원문의 '장(藏)'은 곳집, 광, 창고 등으로 쓰이는 글자인데
이 한 글자로 보장(寶藏) 즉 보배장의 뜻으로도 쓰인다. 화엄경에서
는 대부분 보장으로 쓰였다.

* 부처님〔善逝〕 : 원문의 '선서(善逝)'는 부처님 십대 명호 중의 하나이
다.

* 여래(如來) : 부처님의 열 가지 명호 중 하나.

* 역바라밀(力波羅密) : 원문에 '역도(力度)'라고 되어 있는데, 이는 역
바라밀을 말한다. 보시, 지계, 인욕, 정진, 선정, 지혜의 육바라밀에
방편, 원(願), 역(力), 지(智)를 더하여 십바라밀이라 한다. 이 중 역바
라밀은 일체의 그릇된 논의를 파하여 중생을 제도하는 것을 말한
다.

* 육도(六道) : 원문에 '제취(諸趣)'라고 되어 있다. 취란 중생이 번뇌에
의해 업을 만들어 그 업에 이끌려 사는 곳으로 이를 여섯 종류로
나누어 육취, 악취, 악도 등으로 부른다. 그러므로 취는 육도윤회의
다른 이름이다.

* 위신력(威神力) : 부처님의 과위에 있는 존엄하고 측량할 수 없는 부
사의한 힘.

* 천제 : 화엄경에 나오는 '신(神)'은 그 세계의 '천제(天帝)'를 말한다.
  천제는 그 세계를 다스리고 교화하는 분, 곧 깨달아서 삼매와 지혜
  와 덕과 신통과 방편과 변재를 갖추어서 다스리며 교화하는 분을
  말한다.

⌒ 81권 화엄경 권과 품

부록 1

불조정맥

불조정맥(佛祖正脈)

🪷 인 도

교조 석가모니불 (敎祖 釋迦牟尼佛)

1조 마하가섭 (摩訶迦葉)

2조 아난다 (阿難陀)

3조 상나화수 (商那和脩)

4조 우바국다 (優波鞠多)

5조 제다가 (堤多迦)

6조 미차가 (彌遮迦)

7조 바수밀 (婆須密)

8조 불타난제 (佛陀難堤)

9조 복타밀다 (伏馱密多)

10조 파율습박(협) (波栗濕縛, 脇)

11조 부나야사 (富那夜奢)

12조 아나보리(마명) (阿那菩堤, 馬鳴)

13조 가비마라 (迦毗摩羅)

14조 나가르주나(용수) (邢閦羅樹那, 龍樹)

15조 가나제바 (迦邢堤波)

16조 라후라타 (羅睺羅陀)

17조 승가난제 (僧伽難提)

18조 가야사다 (迦耶舍多)

19조 구마라다 (鳩摩羅多)

20조 사야다 (闍夜多)

21조 바수반두 (婆修盤頭)

22조 마노라 (摩拏羅)

23조 학륵나 (鶴勒那)

24조 사자보리 (師子菩堤)

25조 바사사다 (婆舍斯多)

26조 불여밀다 (不如密多)

27조 반야다라 (般若多羅)

28조 보리달마 (菩堤達磨)

🌸 중 국

29조 신광 혜가 (2조 神光 慧可)

30조 감지 승찬 (3조 鑑智 僧璨)

31조 대의 도신 (4조 大醫 道信)

32조 대만 홍인 (5 조 大滿 弘忍)

33조 대감 혜능 (6 조 大鑑 慧能)

34조 남악 회양 (7 조 南嶽 懷讓)

35조 마조 도일 (8 조 馬祖 道一)

36조 백장 회해 (9 조 百丈 懷海)

37조 황벽 희운 (10조 黃檗 希雲)

38조 임제 의현 (11조 臨濟 義玄)

39조 흥화 존장 (12조 興化 存獎)

40조 남원 혜옹 (13조 南院 慧顒)

41조 풍혈 연소 (14조 風穴 延沼)

42조 수산 성념 (15조 首山 省念)

43조 분양 선소 (16조 汾陽 善昭)

44조 자명 초원 (17조 慈明 楚圓)

45조 양기 방회 (18조 楊岐 方會)

46조 백운 수단 (19조 白雲 守端)

47조 오조 법연 (20조 五祖 法演)

48조 원오 극근 (21조 圓悟 克勤)

49조 호구 소륭 (22조 虎丘 紹隆)

50조 응암 담화 (23조 應庵 曇華)

51조 밀암 함걸 (24조 密庵 咸傑)

52조 파암 조선 (25조 破庵 祖先)

53조 무준 사범 (26조 無準 師範)

54조 설암 혜랑 (27조 雪岩 慧郎)

55조 급암 종신 (28조 及庵 宗信)

56조 석옥 청공 (29조 石屋 淸珙)

한 국

57조 태고 보우 (1조 太古 普愚)

58조 환암 혼수 (2조 幻庵 混脩)

59조 구곡 각운 (3조 龜谷 覺雲)

60조 벽계 정심 (4조 碧溪 淨心)

61조 벽송 지엄 (5조 碧松 智儼)

62조 부용 영관 (6조 芙蓉 靈觀)

63조 청허 휴정 (7조 淸虛 休靜)

64조 편양 언기 (8조 鞭羊 彦機)

65조 풍담 의심 (9조 楓潭 義諶)

66조 월담 설제 (10조 月潭 雪霽)

67조 환성 지안 (11조 喚醒 志安)

68조 호암 체정 (12조 虎巖 體淨)

69조 청봉 거안 (13조 靑峰 巨岸)

70조 율봉 청고 (14조 栗峰 靑杲)

71조 금허 법첨 (15조 錦虛 法沾)

72조 용암 혜언 (16조 龍巖 慧言)

73조 영월 봉율 (17조 詠月 奉律)

74조 만화 보선 (18조 萬化 普善)

75조 경허 성우 (19조 鏡虛 惺牛)

76조 만공 월면 (20조 滿空 月面)

77조 전강 영신 (21조 田岡 永信)

78대 대원 문재현 (22대 大圓 文載賢)

대원 문재현 선사님
인가 내력

대원 문재현 선사님 인가 내력

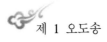
제 1 오도송

이 몸을 끄는 놈 이 무슨 물건인가?
골똘히 생각한 지 서너 해 되던 때에
쉬이하고 불어온 솔바람 한 소리에
홀연히 대장부의 큰 일을 마치었네

무엇이 하늘이고 무엇이 땅이런가
이 몸이 청정하여 이러-히 가없어라
안팎 중간 없는 데서 이러-히 응하니
취하고 버림이란 애당초 없다네

하루 온종일 시간이 다하도록
헤아리고 분별한 그 모든 생각들이

옛 부처 나기 전의 오묘한 소식임을
듣고서 의심 않고 믿을 이 누구인가!

此身運轉是何物
疑端汨沒三夏來
松頭吹風其一聲
忽然大事一時了

何謂靑天何謂地
當體淸淨無邊外
無內外中應如是
小分取捨全然無

一日於十有二時
悉皆思量之分別
古佛未生前消息
聞者卽信不疑誰

　대원 문재현 선사님의 스승이신 불조정맥 제77조 조계종(曹溪宗)
전강(田岡) 대선사님께서 1962년 대구 동화사의 조실로 계실 당시
대원 문재현 선사님께서도 동화사에 함께 머무르고 계셨다.
　하루는, 전강 대선사님께서 대원 선사님의 3연으로 되어 있는 제
1오도송을 들어 깨달은 바는 분명하나 대개 오도송은 짧게 짓는다

고 말씀하셨다. 이에 대원 선사님께서는 제1오도송을 읊은 뒤, 도
솔암을 떠나 김제들을 지나다가 석양의 해와 달을 보고 문득 읊었
던 제2오도송을 일러드렸다.

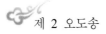
제 2 오도송

해는 서산 달은 동산 덩실하게 얹혀 있고
김제의 평야에는 가을빛이 가득하네
대천이란 이름자도 서지를 못하는데
석양의 마을길엔 사람들 오고 가네

日月兩嶺載同模
金提平野滿秋色
不立大千之名字
夕陽道路人去來

제2오도송을 들으신 전강 대선사님께서는 이에 그치지 않고 그와
같은 경지를 담은 게송을 이 자리에서 즉시 한 수 지어볼 수 있겠
냐고 하셨다. 대원 선사님께서는 곧바로 다음과 같이 읊으셨다.

바위 위에는 솔바람이 있고

산 아래에는 황조가 날도다
대천도 흔적조차 없는데
달밤에 원숭이가 어지러이 우는구나

岩上在松風
山下飛黃鳥
大千無痕迹
月夜亂猿啼

　전강 대선사님께서는 위 송의 앞의 두 구를 들으실 때만 해도 지
그시 눈을 감고 계시다가 뒤의 두 구를 마저 채우자 문득 눈을 뜨
고 기뻐하는 빛이 역력하셨다.

　그러나 전강 대선사님께서는 여기에서도 그치지 않고 다시 한 번
물으셨다.

　"대중들이 자네를 산으로 불러내고 그중에 법성(향곡 스님 법제자
인 진제 스님. 동화사 선방에 있을 당시에 '법성'이라 불렸고, 나중에 '법
원'으로 개명하였다.)이 달마불식(達磨不識) 도리를 일러보라 했을 때
'드러났다'라고 답했다는데, 만약에 자네가 당시의 양무제였다면
'모르오'라고 이르고 있는 달마 대사에게 어떻게 했겠는가?"

　대원 선사님께서 답하셨다.

　"제가 양무제였다면 '성인이라 함도 서지 못하나 이러-히 짐의
덕화와 함께 어우러짐이 더욱 좋지 않겠습니까?' 하며 달마 대사의

손을 잡아 일으켰을 것입니다."

전강 대선사님께서 탄복하며 말씀하셨다.

"어느새 그 경지에 이르렀는가?"

"이르렀다곤들 어찌 하며, 갖추었다곤들 어찌 하며, 본래라곤들 어찌 하리까? 오직 이러-할 뿐인데 말입니다."

대원 선사님께서 연이어 말씀하시자 전강 대선사님께서 이에 환희하시니 두 분이 어우러진 자리가 백아가 종자기를 만난 듯, 고수 명창 어울리듯 화기애애하셨다.

달마불식 공안에 대한 위의 문답은 내력이 있는 것이다. 전강 대선사님께서 대원 선사님을 부르기 며칠 전에, 저녁 입선 시간 중에 노장님 몇 분만이 자리에 앉아있을 뿐 자리가 텅텅 비어 있었다고 한다.

대원 선사님께서 이상히 여기고 있던 중, 밖에서 한 젊은 수좌가 대원 선사님을 불렀다. 그 수좌의 말이 스님들이 모두 윗산에 모여 기다리고 있으니 가자고 하기에 무슨 일인가 하고 따라가셨다.

그러자 그 자리에 있던 법성 스님이 보자마자 달마불식 법문을 들고 이르라고 하기에 지체없이 답하셨다.

"드러났다."

곁에 계시던 송암 스님께서 또 안수정등 법문을 들고 물으셨다.

"여기서 어떻게 살아나겠소?"

대뜸 큰소리로 이르셨다.

"안 · 수 · 정 · 등."

이에 좌우에 모인 스님들이 함구무언(緘口無言)인지라 대원 선사님께서는 먼저 그 자리를 떠나 내려와 버리셨다.

그 다음날 입승인 명허 스님께서 아침 공양이 끝난 자리에서 지난 밤 입선시간 중에 무단으로 자리를 비운 까닭을 묻는 대중 공사를 붙여 산 중에서 있었던 일들이 낱낱이 드러나고 말았다. 그리하여 입선시간 중에 자리를 비운 스님들은 가사 장삼을 수하고 조실인 전강 대선사님께 참회의 절을 했던 일이 있었다.

전강 대선사님께서는 이때에 대원 선사님께서 달마불식 도리에 대해 일렀던 경지를 점검하셨던 것이다.

이런 철저한 검증의 자리가 있었던 다음 날, 전강 대선사님께서 부르시기에 대원 선사님께서 가보니 주지인 월산(月山) 스님께서 모든 것이 약조된 데에서 입회해 계셨으며 전강 대선사님께서는 곧바로 다음과 같이 전법게(傳法偈)를 전해주셨다.

 전 법 게

부처와 조사도 일찍이 전한 것이 아니거늘
나 또한 어찌 받았다 하며 준다 할 것인가
이 법이 2천년대에 이르러서
널리 천하 사람을 제도하리라

佛祖未曾傳
我亦何受授
此法二千年
廣度天下人

　덧붙여 이 일은 월산 스님이 증인이며 2000년까지 세 사람 모두 절대 다른 사람이 알게 하거나 눈에 띄게 하지 않아야 한다고 당부하셨다.
　만약 그러지 않을 시에는 대원 선사님께서 법을 펴 나가는데 장애가 있을 것이라고 예언하셨다. 또한 각별히 신변을 조심하라 하시고 월산 스님에게 명령해 대원 선사님을 동화사의 포교당인 보현사에 내려가 교화에 힘쓰게 하셨다.
　대원 선사님께서 보현사로 떠나는 날, 전강 대선사님께서는 미리 적어두셨던 부송(付頌)을 주셨으니 다음과 같다.

 부 송

　어상을 내리지 않고 이러-히 대한다 함이여
　뒷날 돌아이가 구멍 없는 피리를 불리니
　이로부터 불법이 천하에 가득하리라

不下御床對如是

後日石兒吹無孔

自此佛法滿天下

　위의 송의 '어상을 내리지 않고 이러-히 대한다 함이여'라는 첫째
줄 역시 내력이 있는 구절이다.

　전에 대원 선사님께서 전강 대선사님을 군산 은적사에서 모시고
계실 당시 마당에서 홀연히 마주쳤을 때 다음과 같은 문답이 있었
다.

　전강 대선사님께서 물으셨다.

　"공적(空寂)의 영지(靈知)를 이르게."

　대원 선사님께서 대답하셨다.

　"이러-히 스님과 대담(對談)합니다."

　"영지의 공적을 이르게."

　"스님과의 대담에 이러-합니다."

　"어떤 것이 이러-히 대답하는 경지인가?"

　"명왕(明王)은 어상(御床)을 내리지 않고 천하 일에 밝습니다."

　위와 같은 문답 중에 대원 선사님께서 답하신 경지를 부송의 첫
째 줄에 담으신 것이다.

　전강 대선사님께서 대원 선사님을 인가(印可)하신 과정을 볼 때
한 번, 두 번, 세 번을 확인하여 철저히 점검하신 명안종사의 안목

에 탄복하지 않을 수 없으며 이에 끝까지 1초의 머뭇거림도 없이 명철하셨던 대원 선사님께 찬탄하지 않을 수 없다.

그리하여 법열로 어우러진 두 분의 자리가 재현된 듯 함께 환희 용약하지 않을 수 없다.

이제 전강 대선사님과 약속한 2천년대를 맞이하였으므로 여기에 전법게를 밝힌다.

이로써 경허, 만공, 전강 대선사님으로 내려온 근대 대선지식의 정법의 횃불이 이 시대에 이어져 전강 대선사님의 예언대로 불법이 천하에 가득할 것이다.

21세기에
인류가 해야 할 일

21세기에 인류가 해야 할 일

이 사람은 1962년 26세 때부터 21세기에 인류에게 닥칠 공해문제, 에너지문제를 예견하고 대체에너지(무한원동기, 태양력, 파력, 풍력 등) 개발과 '울 안의 농법'을 연구하고 그 필요성을 많은 이들에게 이야기해 왔습니다.

당시에는 너무 시대를 앞서가는 이야기여서인지 일반인들이 수용하지 못하고 오히려 불신의 눈으로 바라보며 이 사람의 법마저 의심하였습니다. 하지만 현대에 있어서는 이것이 인류가 해결해야 할 가장 절박한 사안이 되어 있습니다.

'사막화방지 국제연대'를 설립한 것도 현재 인류가 해결해야 할 가장 절박한 지구환경문제를 이슈화시키고 그 해결책을 제시하여 재앙에 직면한 지구촌을 살리기 위해서입니다.

'사막화방지 국제연대'에서 추진하고 있는 사막화 방지, 지구 초원화, 대체에너지 개발은 온 인류가 발 벗고 나서서 해야 할 일입니다.

첫 번째 사막화 방지에 있어서 기존에 해왔던 '나무심기 사업'은 천문학적인 예산과 많은 인력을 동원하고도 극도로 황폐한 사막화된 환경을 되살리는 데 실패하였습니다.

그래서 이 사람은 사막화 방지에 있어서는 '사막 해수로 사업'을 새로운 방안으로 제시하였습니다.

사막 해수로 사업은 사막화된 지역에 수도관을 매설하여 바닷물을 끌어들여서 염분에 강한 식물을 중심으로 자연생태계를 복원하는 사업입니다.

이것은 나무심기 사업으로 심은 나무들이 절대적으로 물이 부족하여 생존할 수 없었던 문제를 해결할 수 있는, 현재로서는 유일한 해결책입니다.

그러나 '사막화방지 국제연대'의 목적은 사막이 확장되는 것을 방지하자는 것이지 사막 전체를 완전히 없애자는 것은 아닙니다. 인체에서 심장이 모든 피를 전신의 구석구석까지 골고루 보내어 살아서 활동하게 하듯이 사막은 오히려 지구의 심장 역할을 하는 중요한 곳이기 때문입니다.

그래서 21세기에 있어서는 다만 사막의 확장을 방지할 뿐 아니라 사막을 어떻게 운용하느냐를 연구해야 합니다.

사막에 바둑판처럼 사방이 막힌 플륨관 수로를 설치하여 동, 서, 남, 북 어느 방향의 수로를 얼마만큼 채우느냐 비우느냐에 따라, 사막으로부터 사방 어느 방향으로든 거리까지 조절하여, 원하는 지역에 비를 내리게 하고 그치게 할 수 있습니다. 철저히 과학적인

데이터에 의해 이렇게 사막을 운용함으로써 21세기의 지구를 풍요로운 낙원시대로 만들어가야 합니다.

두 번째로 지구를 초원화할 수 있는 방안으로서 3년간의 실험을 통해, 광활한 황무지 지역을 큰 비용을 들이거나 많은 인력을 동원하지 않고도 짧은 시간 내에 초지로 바꿀 수 있는 식물을 찾아냈습니다.

그것은 바로 '돌나물'입니다. 돌나물은 따로 종자를 심을 필요가 없이 헬리콥터나 비행기로 살포해도 생존, 번식할 수 있으며, 추위와 더위, 황폐한 땅에서도 살아남을 수 있는 생명력과 번식력이 강한 식물입니다.

지구환경을 되살리는 초지조성 사업에 있어서 이것이 큰 도움이 되리라 생각합니다.

세 번째의 대체에너지 개발에 있어서는 태양력, 파력, 풍력 등 1962년도부터 이 사람이 연구하고 얘기해왔던 방법들이 이미 많이 개발되어 실용화한 단계에 있습니다.

이 세 가지 일은 한 개인이나 한 국가가 할 수 있는 일이 아닙니다. 모든 국가가 앞장서서 전세계적인 사업으로 이루어져야 합니다. 모든 국가가 함께 한 기금조성이 이루어져야 하고 기금조성에 참여한 국가는 이 시스템에 의한 전면적인 혜택을 입을 수 있도록 해야 합니다.

인류 모두가 지혜를 모아 이 일에 전력을 다한다면 인류는 유사 이래 가장 좋은 시절을 맞이하게 될 것이며, 만약 이 일을 남의 일인 양 외면한다면 극한의 재앙을 면할 수 없을 것입니다.

이 사람이 오래 전부터 얘기해왔던 '울 안의 농법'은 이미 미국 라스베이거스(Las Vegas)에서 30층짜리 '고층 빌딩 농장'으로 구현되었습니다. 그렇게 크게도 운영될 수 있지만 각자 자신의 집에서 이루어지는 '울 안의 농법'도 필요합니다.

21세기에 있어서 또 하나 인류가 만일의 사태를 대비해서 연구, 추진해야 될 일이 있다면 바닷속에서의 수중생활, 수중경작입니다.

지구가 심하게 온난화될 경우, 공기가 너무 많이 오염될 경우, 바닷물이 높아져 살 땅이 좁아질 경우 등에 대비할 때, 인류는 우주에서의 삶보다는 바닷속에서의 삶을 준비해야 합니다. 왜냐하면 그것이 훨씬 수월하고 비용도 절감할 수 있기 때문입니다.

이렇게 깨달은 이는 이변적으로는 깨달음을 얻게 하여 영생불멸의 삶을 영위할 수 있도록 만인을 이끌어야 하며 사변적으로는 일반인이 예측할 수 없는 백 년, 천 년 앞을 내다보아 이를 미리 앞서 대비하도록 만인의 삶을 이끌어줘야 한다고 생각합니다.

불법의 뜻은 다만 진리 전수에만 있는 것이 아니니, 만인이 서로 함께 영원한 극락을 누릴 때까지 물심양면으로, 이사일여로 베풀어 교화해야 하기 때문입니다.

부록 4

가슴으로 부르는
불심의 노래

여기에 실린 것들은 모두 대원 문재현 선사
님께서 직접 작사하신 곡들이다.

　수행의 길로 들어서게끔 신심, 발심을 북돋
아주는 곡으로부터 수행의 길로 접어든 이의
구도의 몸부림이 담겨있는 곡, 대승의 원력을
발해서 교화하는 보살의 자비심과 함께 낙원
세계를 누리는 풍류를 그려놓은 곡까지 가사
한마디, 한마디가 생생하여 그 뜻이 뼛속 깊이
새겨지고 그 멋에 흠뻑 취하게 된다.

　대원 문재현 선사님께서는 거칠고 말초적인
요즘의 노래를 듣고 이러한 정서를 순화시키
고자, 또한 수행의 마음을 진작시키고자 하는
뜻에서 이 곡들을 작사하셨다.

🪷 가슴으로 부르는 불심의 노래 목록

🪷 기타 노래 목록

서 원 가

작사 문재현
작곡 배신영
노래 홍노경

느리게

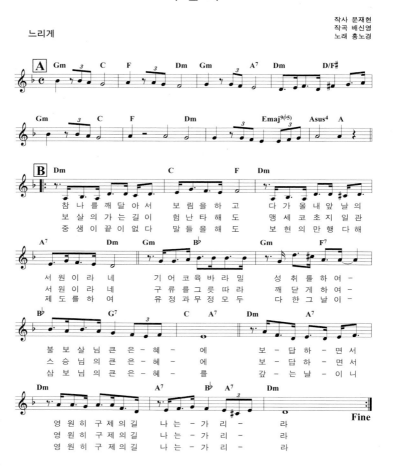

참 나 를 깨 달 아 서　　보 림 을 하 고　　　다 가 올 내 앞 날 의
보 살 의 가 는 길 이　　힘 난 타 해 도　　　맹 세 코 초 지 일 관
중 생 이 끝 이 없 다　　말 들 을 해 도　　　보 현 의 만 행 다 해

서 원 이 라 네　　기 어 코 육 바 라 밀　　성 취 를 하 여 -
서 원 이 라 네　　구 류 를 그 릇 따 라　　깨 닫 게 하 여 -
제 도 를 하 여　　유 정 과 무 정 모 두　　다 한 그 날 이 -

불 보 살 님 큰 은 - 혜 - 에　　보 - 답 하 - 면 서
스 승 님 의 큰 은 - 혜 - 에　　보 - 답 하 - 면 서
삼 보 님 의 큰 은 - 혜 - 를　　갚 - 는 날 - 이 니

영 원 히 구 제 의 길　　나 는 - 가 리 - 라
영 원 히 구 제 의 길　　나 는 - 가 리 - 라
영 원 히 구 제 의 길　　나 는 - 가 리 - 라

Fine

반조 염불가

작사 문재현
작곡 배신영
노래 홍노경

느리게

님 께 - 서 베 푸 신 자 비 의 은 혜 오 늘
본 래 - 에 드 러 난 나 인 걸 몰 라 낙 원

도 을 감 사 한 맘 - 어 - 찌 - 잊 으 리 니
을 고 해 로 서 - 사 - 는 - 삶 이 니

가 르 침 따 름 만 - 이 살 길 이 란 다 짐 으 로 간
가 르 침 따 름 만 - 이 살 길 이 란 다 짐 으 로 반

절 히 시 시 때 때 회 광 반 조 아 - 미 타 불 - 백 -
조 의 아 미 타 불 나 도 잊 은 삼 - 매 의 앎 - 깨 -

팔 염 주 일 상 화 로 기 어 이 - 크 게 깨 쳐 크 나
닫 기 에 좋 은 때 니 기 어 이 - 원 을 이 뤄 금 생

큰 - 님 - 의 은 혜 갚 으 리 라 아 미 타 - 불 -
에 - 구 - 제 중 생 불 은 갚 길 아 미 타 - 불 -

Fine

소중한 삶

작사 문재현
작곡 배신영
노래 홍노경

(모데라토) ♩ = 100

소중
불법

한   나날들을   아 끼 면서   사랑으 로   베풀
은   영원하 고   행복 한 삶   회복하 려   노력

며   사 노 라 면   삼이란 고해만 은-   아니리   라
하 는   길-이 니   우리의 삶 앞날 은-   밝으리   라

고 운시 선-   고운말로-   어 울-   려-
좋은마 음-   좋은말로-   감 싸-   주 고-

격 려 하 며 -   힘 든 삶 -   극   복   하   면
삶 - 속 에 -   불 법 을 -   실   천   하   면

좋 은 업 -   좋 은 날 -   약 속 이 아 니 던   가
영 원 하 고 -   행 복 한 삶 _   약 속 이 아 니 던   가

Fine

석가모니불

작사 문재현
작곡 배신영
노래 홍노경

국악가요

석 가 모 니 불 ―
석 가 모 니 불 ―

거룩 한 ― 석가모니불― 하늘땅에 ― 유일한― 님 ― 이기에 우러
거룩 한 ― 석가모니불― 하늘땅에 ― 유일한― 님 ― 이기에 우러

러 간절 하게 ― 기도하 ― 면 내 소원이루어 지지요 ― 탐 ― 욕
러 가르침을 ― 따른다 ― 면 언제나행복하 지 요 ― 선 ― 법

을 ― 보시로 다스려서 행 ― 하고 진 ― 심 ― 을 ― 인
을 ― 깨달아 생활화를 함으로써 이 ― 세 ― 상 ― 이

욕으로―실천하면우 리 바 ― 라 는 그 세 ― 상 ― 활 짝―열리네― 불법의
대로를―낙원으로님― 이 바 ― 라 신 그 소 ― 원― 꽃 을―피우리― 불법의

진리깨달으면 ― 함 없 ― 는 ― 함 으 로 ― 님의은혜 갚으―
진리깨달으면 ― 함 없 ― 는 ― 함 으 로 ― 님의은혜 갚으―

리 석가 모 ― 니 ― 불 ― 우 리― 부처 ― 님 ― Fine
리 석가 모 ― 니 ― 불 ― 우 리― 부처 ― 님 ―

맹서의 노래

작사 문재현
작곡 배신영
노래 홍노경

느리게

염원의 노래

작사 문재현
작곡 배신영
노래 홍노경

느리게

음성공양

작사 문재현
작곡 배신영
노래 홍노경

느리게

부처 누리

님 그 사랑 속 의 우리 는 행복이로세 세월
위 빛이신 당신 오심 은 영광이로세 나를

흐름 깊-은 만 큼 젖어 든- 나의 이 행 복 이
깨운 반야- 의 지-혜 닦아 이뤄 서 님

세 상 의- 모든 분 들 부처 님 사랑 에- 젖고 젖어 봐 요 젖
의 은혜- 보답 하 는 그 서 원 다 하 는- 초지 일관 으 로 구

은 만 치 복- 되 고 행복 을 누-리 리 니 오
류 중생 멸- 도- 해 이 세 상 이- 대 로 를 낙

는- 나날 그 자 체 그 대로 가 낙 원- 이- 길 서
원- 으로 이루 어 함께 누릴 그 날- 오- 길 합

원 하 는 기 도-로- 써 음성
장 기 도 노 래-로- 써 음성

공 양 올리 옵니 - 다 **Fine**
공 양 올리 옵니 - 다

발 심 가

작사 문재현
작곡 배신영
노래 홍노경

보사노바

우-리네 한 세상-　　　보람찬 삶-으로-
참-나를 깨 달아-　　　보림을 하-고요-
본-연-한 몸의-　　　능력을 베-풀어-
눈-깜박하 는새-　　　한세상 다-가고-

바 꾸 기 위-하 여-　　　닦 아 들 봅-시 다-
자 비 심 발-하 여-　　　구 제 길 나-서 서-
극-락 세 - 계-　　　장 엄 을 하-구 요-
부 귀 와 공-명 은-　　　잠 시 의 꿈-이 라-

청 춘 - 홍 안 이-　　　얼 마 나 길-던 가-
중 생 들 세 계 에-　　　고 통 을 없-애 어-
동 실 - 두 둥 실-　　　누 리 기 위-하 여-
이 러 한 되 풀 이-　　　금 생 에 끝-내 어-

꿈 꾸 는 사-이 에-　　　백 발 이 된-다 네-
극 락 이 되-도 록-　　　최 선 을 다-하 세-
오 늘 의 어-려 움-　　　극 복 을 해-내 세-
윤 회 의 사 슬 에 서-　　　벗 어 나 납-시 다-

1-2절 D.C

3-4절

자비의 품

작사 문재현
작곡 배신영
노래 홍노경

느리게

자 대비보살 의 사랑 알지못 하고-
자 대비보살 의 사랑 자비의 품을-

외면한 저중생 들을- 그래도가-없어-
떠나간 저중생 들을- 저리도애-타게-

잊-지못하 는 그 진한- 마 음 모른
부르고부르 는 절 절한- 마 음 새 기

체 하고-업 따라 갈 수가있- 나- 아- 아 하늘땅
고 새기면-업 따라 갈 수가있- 나- 아- 아 하늘땅

사 이- 다시 또 없는 자 비의 품에- 어서돌아 와
사 이- 다시 또 없는 자 비의 품에- 어서돌아 와

감 로수 에 소 - 원 이루- 라-
감 로수 에 소 - 원 이루- 라-

Fine

부처님 은혜 1

작사 문재현
작곡 배신영
노래 홍노경

느리게

노을이 짙고 새동-지- 찾 을땐- 부처 님의 절절한- 말씀 생각이 나고

눈에이슬 맺힌채- 참회 기도- 명상으로써 억- 겁업을-

재우노 라면 구름그늘- 서늘한바 람 불어옴을-맞음 이랄까-

상쾌하 고 확트인 가슴- 희망의 미-소

입가에 번- 지- 고 콧노래 가절로 흘러나 온다- 고맙

습 니다- 참- 고맙습 니 다 더없이큰부 처 님은 혜

구류중 생을- 구제함으로 써 갚는것이서원- 입 니 다 서원

향 해- 뛸 것-입니 다- 서원향해다할것입니- 다-   Fine

부록4 - 가슴으로 부르는 불심의 노래 223

보살의 마음

作사 문재현
作곡 배신영
노래 홍노경

느리게

이 생에 해야 할일

작사 문재현
작곡 배신영
노래 홍노경

세상사람 날찾는일 등한하지-만 생각들
번갯불이 스쳐가듯 가는한세- 상 맘닦아

해보구려 그러할일이던가 번갯불- 스쳐가듯-
긴미래를 내마음내뜻대로 대천세계 여저기서-

아- 아 무상한한세- 상
아- 아 풍류를 누리- 며

- 맘닦- 아 내낙원을-
끝없- 는 구제의길-

내이뤄 누리는일 아- 아 우리모-
자비로 실천할일 아- 아 우리모-

두 해야할일 이일뿐일세 해야할일 이일뿐일
두 해야할일 이일뿐일세 해야할일 이일뿐일

세-
세-

DS. all play

구도의 목표

작사 문재현
작곡 배신영
노래 홍노경

느리게

눈 뜨면 관음 우러 러 보문을 따르며 – 하

루 하 루 를 최 선 – 다 하 는 일 에

언 제 나 떳떳한 불 자 로 서 원코 큰 은 혜 갚 는 보 살 – 행 –

대자대 비 를 – 베 – 풀 어 어 느 때 어 느 곳 그 무 엇 – 가 리 지 않 는

이 – 로 – 제 – 일 의 – 사 표 가 될 것 을 목 표 로 삼 을

겁 니 다 아 아 사 바 의 세 계 가

다 하 는 – 그 날 까 지

님은 아시리

작사 문재현
작곡 배신영
노래 홍노경

Moderato ♩= 100

사 계 절 의 - 풍 광 인 들 -　위 로 되 겠 니
같 이 되 지 않 아 -　기 도 에 젖 은

- 서 사 시 의 - 음 률 인 들 -　쉬 어 지 겠 니 -　뜻 과
이

마 음 - 님 은 -　아 시 리 -　한 세 상 열
청 춘 의 모

정 쏟 아 닦 는 수 행 길 - 불 보 살 님 출 현 하 셔 베
든 욕 망 사 뤄 버 리 고 회 광 반 조 촌 각 아 낀 열

푼 자 비 에 -　모 든 망 상 -　모 든 번
정 쏟 아 서 -　이 룬 선 정 -　그 효 력 -

뇌 없 었 으 면 좋 으 련 만 마 음 대 로 - 안 되 는 게 - 수 행 이 더
이 있 었 으 면 좋 으 련 만 마 음 대 로 - 안 되 는 게 - 보 림 이 더

D.S. al Coda

Fine

라 수 행 이 더 라 - 마 음 대 로 - 안 되 는 게 - 수 행 이 더 라 수 행 이 더 라 -
라 보 림 이 더 라 -

부처님 은혜 2

작사 문재현
작곡 배신영
노래 홍노경

느리게

낙엽이 지고 국향이 질 을 땐 - 부처 님의 고고한 - 말씀 법계화되 고

대 승보살 나투어 - 그릇 따라 - 베 푼 법문에 만난 사 - 람 -

모두가 깨처 두타보림 - 수행을 하여 있는 그곳 - 극락 이어서 -

걸음 걸음 상쾌한 가 슴 - 입가에 미 - 소

언제나 번 - 지 는 대자유삶 누릴지어 - 다 - 고 맙

습 니 다 참 - 고맙습니 다 촌각인들 부처님 은 혜

그 어찌 한 들 - 잊을 날있으 리 불은 갚 는 그 날 - 까지 는 서 원

향 해 - 뛸 - 것- 입니다 - 서 원향해 다할 것입니 - 다-

Fine

성중성인 오셨네

(초파일노래)

작사 문재현
작곡 배신영
노래 홍노경

Swing

음력 사월 초 - 파일은 - 온누리의 제 - 일이신 - 성중
음력 사월 초 - 파일은 - 온누리의 제 - 일이신 - 성중

성인 - 부 처 님이 - 이땅 위에 오 - 신 날 - 괴로
성인 - 부 처 님이 - 이땅 위에 오 - 신 날 - 너를

움 을 낙원으 - 로 어두 움을 - 광명 으 - 로 바꾸
알 란 그가르 - 침 - 펼치 려고 - 오심 이 - 니 자아

려 - 는 숙 - 원 - 을 시작하 신 날 - 너 나 없 이 모두
완 - 성이룩 - 해 우리이 땅 - 이대로 를 낙원

함께 - 경축하 세 모두 함께 경축하 - 세 - 모두
으로 - 누려보 세 낙원 으로누려 보 - 세 -

함 께 경 축 하 세 -

내 문제는 내가 풀자

작사 문재현
작곡 배신영
노래 홍노경

조금빠르게

나의

B 문제그뉘라서 풀어주─라 내
　 없는이보고인 자신에서 사

일은─ 내가 풀어야지 누
고와─ 명상깊이 다해깨

구에─게빌지를말─자 지
달아─서누리며살─자 지

금이어느때인데 허공향해구걸하랴─
금의때에맞는삶 모두함께웃고사세─

다함 D.S

Fine

즐거운 밤

작사 문재현
작곡 배신영
노래 홍노경

산사의 - 연등불빛 - 아롱다롱 - 한들한들 -

그윽한 울림속의 - 모두가 정 - 성 -

맘모은 축하속 꿈실은 - 발원의 미소를지으며

즐겁게노래하면 - 아롱다롱 연등 불도 흥거웁고 - 자비

한 여래품의 포근 한 이한밤

을 석 가 모 니 불 - 석가모 니불 - 나 -

무 석 가 모 니 - 불 -

Fine

관 음 가

작사 문재현
작곡 배신영
노래 홍노경

조금빠르게 ♩= 130

꽃 을 보 아 도 먼 산 을 보 아 도   그 리 움 그 리 움 이 -   더 - 해 -

진 - 관 - 세 - 음   관 - 세 - 음 은 -

포 - 근 한   아 -   아 -   품 이 - 랍 니 - 다 -

기 쁠 때 에 도   어 - 려 울 때 에 도 자 애

로 다 가 오 셔 - 서   힘 - 이 되 -

신   관 - 세 음 관 세 음 은 -   포 근 한 - 품 - 이 랍 니

- 다 -

Fine

부 처 님

작사 문재현
작곡 배신영
노래 채연희

이 슬방울 의 아 침햇빛 보다 -
영 롱한 님이시고 - 금 구슬에- 반 짝이는-
빛 보 다 아 름 다운님이시며 -
보 석의찬란한 빛 보 다 눈 부 신 님이시기 에 생각
만 하여도 설레이 고 이름 만 들어도 행 복한 님
영 원한 우 리들의 님 이 십 니 - 다

열반재일

작사 문재현
작곡 배신영
노래 채연희

인연다함- 아시기에- 구제방편- 거두시어-
대자대비- 거룩하신- 가르치심- 이세상에-

열반드신- 그자재는- 그누구가- 흉내인들-
길이길아 펼쳐져서- 그언젠가 이고해가-

내오리까- 오고감을 뜻대로한
낙원으로- 되는날을 믿는마음

거-룩함에 정 례합니다 정
우-러러서 정 례합니다 정

례합-니다-
례합-니다-

Fine

성도재일

작사 문재현
작곡 배신영
노래 채연희

찬양합니다 찬양합니다 도이루심 찬양합니 다
맹세합니다 맹세합니다 부처님의 뒤를이어 서

이 세상에 그 어떤- 일인들이보다 기쁘고거룩한일
생사고통 영원히- 면하게이끄신 봉화의바른불빛

있-으-리 그 옛날의 오늘이룬
지-혜-로 어둔그늘 모두밝혀

부처님의 광명지혜 없었다-면
부처님의 세상으로 바꿔놓-는

중생들-이 생사고통 면할길을
그 일에-서 제일가는 모습보여

감히어찌 알았으리 감사합니 다
부처님의 은혜갚음 지켜보소 서

감 사 합 니 다
지 켜 보 소 서

석굴암의 노래

작사 문재현
작곡 배신영
노래 채연희

그윽히 내려 트인 높고 높은 산 기 슭에
태초의 이 마 음이 무명으로 경계 이뤄

명월보다 밝은 모습 근엄도 하 서 라 뵈옵
꿈의 세상 이어 져서 이런 삶 됐 지 만 거룩

는 그 순간 티끌번뇌 사라지니 한 없
한 가르침 깊이 새긴 실천으로 일 상

이 고요하여 지 – 순한 마음 일 세 이 마음
의 시시 때 때 생활화 가 되는 그 날 이 세상

속세에 있을 때 도 지속 되 면 거치른 이 세상도 태평 세
이대로가 정 – 토 의 세상 되 어 노래와 춤으로써 길이 길

간주

계 될 것 일 세
이 즐길 걸 세

님의 모습

작사 문재현
작곡 배신영
노래 채연희

무 지 개 를   타 - 고   나 - 툰 - 모 -
나 에 게 서   깨 - 워   주 - 신 - 모 -
그 대 로 가   유 - 마   묵 - 연 - 마 -

습
습
음

Fine

믿고 따르세

작사 문재현
작곡 배신영
노래 채연희

고 - 해일 - 러 낙원이라 한 불보 - 살님그 - 말씀 의
참 - 나 깨 - 친 밝은지혜 로 선행 - 닦아사 - 상없 는

진 실한경지 알 려 - 거든 보고듣 는 그곳향 해
일 상의생활 이 루 - 는날 고해일 러 낙원이 란

명 - 상하 - 게 명 상 - 으로분 - 별
말 - 씀의 - 뜻 내 - 뜻되 - 어

망 상없 - 어지 고 고요로 움 극해지 면
큰웃음을 - 껄껄짓 고 대장부 로 삼계구 할

불 멸의 나 깨 - 치 네
서 원세 워 행 - 하 리

Fine

신명을 다하리

작사 문재현
작곡 배신영
노래 채연희

사 바 세 계- 사 - 는 그 게
죄 를 짓 는 바 탕 이 라 크 나 큰- 자 비 로 -써
이 끄 시 는 가 르 침 에 신 명 다 해- 따 름 으 로
두 텁- 다 는- 업 녹 으 면 무 명 깨 고 자 성 밝 혀 큰 웃
음 을 지 으 리- 니 그 날- 에 가
르 치 신 큰 은 혜 를 갚- 으 리 라 음 어 떤
고 난 있- 다 해 도 큰- 의 지 로- 극 복 해 서 온 누
리 를- 정 토 의 낙 원 으 로 이 루- 리 라 그 날-

코 러 스
음 - 음 -

부처님께 바치는 마음

작사 문재현
작곡 배신영
노래 채연희

감사합니다

작사 문재현
작곡 배신영
노래 채연희

Polka ♩ = 122

A

가사:

감 사 합 니 다　　환 영 합 니 다　　이 땅 위 에 오 신 것 을 -
나 를 깨 우 러　　대 자 대 비 로　　이 땅 위 에 오 셨 기 에 -

축 하 합 니 다　　경 축 합 니 다　　성 중 성 인 오 신 것 을 -
우 리 모 두 가　　감 사 함 으 로　　우 러 러 서 받 듭 니 다 -

손 에 손 을 -　　서 로 잡 고 -　　모 두 함 께　　즐 거 워 서
손 에 손 을 -　　서 로 잡 고 -　　노 래 하 고　　춤 을 추 며

발 걸 음 도 -　　가 벼 웁 게 -　　춤 을 춥 - 니 다 -
나 날 마 다 -　　오 늘 같 길 -　　기 도 합 - 니 다 -

춤 을 춥 - 니 다 -
기 도 합 - 니 다 -

To - A ② no rep

242　화엄경 4권

교 화 가

작사 문재현
작곡 배신영
노래 채연희

Slow Waltz ♩ = 82

A | Dm | A/C# | C⁶ | G/B |

B♭ | Gm⁷ | Asus⁴ | A |

B | Dm | A | Dm |

주 장 자 떨 처 메 고 -
주 장 자 떨 처 메 고 -
주 장 자 떨 처 메 고 -

Dm | A |

방 랑 삼 - 천 계 -
방 랑 삼 - 천 계 -
방 랑 삼 - 천 계 -

Dm | F | A |

흰 구 름 뜬 고 개 - 넘 어
흰 구 름 뜬 고 개 - 넘 어
흰 구 름 뜬 고 개 - 넘 어

Dm | A/C# | Dm |

오 신 님 이 누 - 구 뇨 -
오 신 님 이 누 - 구 뇨 -
오 신 님 이 누 - 구 뇨 -

Gm | F | Dm | D/F# | Gm |

사 바 세 계 중 생 들 을
구 류 중 생 그 릇 따 라
화 장 세 계 열 어 놓 고

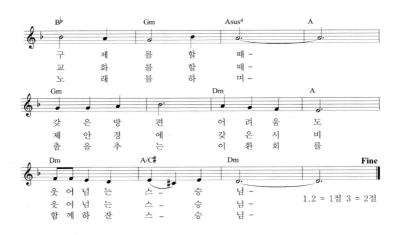

구 제 를 할 때 -
교 화 를 할 때 -
노 래 를 하 며 -

갖 은 방 편 어 려 움 도
제 안 경 에 갖 은 시 비
춤 을 추 는 이 환 회 를

웃 어 넘 는 스 - 승 님 -
웃 어 넘 는 스 - 승 님 -
함 께 하 잔 스 - 승 님 -

1.2 = 1절 3 = 2절

섬진강 소초

작사 문재현
작곡 배신영
노래 채연희

Slow GoGo ♩ = 84

광 양 - 포 구 팔 십 - 리 의 거 룻 배 에 몸 을 싣 고
하 동 - 포 구 팔 십 - 리 에 거 룻 배 를 띄 워 놓 고

석 양 노 을 고 운 빛 에 물 새 도 맘 읽 누 나
노 을 들 어 법 문 하 니 어 우 러 진 웃 음 이 네

광 양 하 동 어 우 름 의 한 결 같 은 섭 진 강 은
이 위 력 이 세 상 그 늘 모 두 거 둬 열 린 세 상

머 언 머 언 그 날 에 도 오 늘 처 럼 - 흐 르 리 라
평 등 낙 원 누 림 으 로 노 래 하 며 - 살 게 되 리

우 리 도 저 런 맘 길 이 지 녀 누 리 며 사 세
그 날 을 위 한 삶 모 두 함 께 노 력 해 사 세

Fine

권 수 가 1

작사 문재현
작곡 배신영
노래 채연희

아니아니- 닭지는 못하리라- 일 분과 일 각 - 도-
아니아니- 닭지는 못하리라- 한송이 떨어진꽃을낙화 진 다 고

허 - 송하지말게 눈 - 감 아 - 뜨는사이백- 발 - 과 주 름 일 세 -
서러워마라 한번 피 었 다 - 꽃 이지듯우 리저렇듯 지 고마 는 -

어 서수행을 하 여영원한 참나를 알 고 사 - 세 -
슬 픈나날이 흘러흘 - 러 흘러 만 가 니 어 이 하 리 -

이 것이것 이 것이뭐 꼬 뭐꼬라고 한 - 이것이 뭐
차 착각 - 저 초침소 리 검은 옷으 로 - 다 가 오

꼬 - 보 일듯이아니보 이 고
는 - 저 승의사자소 - 리

이룰듯하다가 놓쳤으니 - 하루하루가 태산만같게
어찌아 니 슬플쏜가 - 숙 - 명적인 인 과라해도

커져만 - 가는게 의심일세 - 얼 씨구 나 좋 다 -
극복해 - 넘기에 어려웁네 - 얼 씨구 나 좋 다 -

지 화 자 좋 네 - 아 니 닦 지 는 - 코 러 스 -
지 화 자 좋 네 - 아 니 닦 지 는

못 - 하 리 - 라 -
못 - 하 리 - 라 -

Fine

권 수 가 2

작사 문재현
작곡 배신영
노래 채연희

Bounce ♩ = 120

아니아니-닦지는 못하리라- 적적요요달밝은- 밤-에-
아니아니-닦지는 못하리라- 어지러운번뇌 망-상-

단정히눈을감은깊은삼매- 대상없는낙에취해짓는미소-
털-고이룬보리마음모든속박- 다떨치고호연지기를누리는데-

한산습득이즐겨누리는 그낙이아니던- 가-
송죽바람솔솔향기 그윽하고-그윽하 네-

모두들- 저런낙을- 누리려거든- 닦고닦
산새도- 노래하니- 너도좋고- 나도좋

소- 삼세모든불보살님도
다- 삼세제불무현금-에

두타의수행을 인내로써 하루하루를 수행해왔던
역 - 대조 - 사 무공적의 명 - 월삼경 이좋은밤을

결실로 - 얻어진 과위라네 얼씨구나 좋 다
두둥실 - 두둥실 즐겨보세 얼씨구나 좋 다

지 화 자 좋 네 아니닦지 는 - 코러스 -
지 화 자 좋 네 아니닦지 는

못 - 하 리 - 라 Fine
못 - 하 리 - 라

우란분재일

작사 문재현
작곡 배신영
노래 채연희

Trot in4 (double beat) ♩ = 134

A

Gm   E♭   D7   Gm   E♭   D7

B

Gm   D7   Gm   Am7(♭5)   Dsus7   D

우 란 분 재 맞-이 해 서   대 자 대 비-부 처-님 을
정 성 어 린 마-음 으 로   이 고 득 락-비 옵-나 니

Gm   D7   E♭   Am7   D7

이 자-리 에 청 해 모 서   다 생 부 모 왕 생 극 락
세 상-애 착 모 두 끊 고   부 처 님 의 그 세 상 에

D7   Gm   D7   Gm

정 성 다 한 맘 입 니 다   지 혜 짧 아 못-미-처 서
나 시 기 만 원 합 니 다   다 생 겁 에 경-험-하 신

Gm   D   Gm   Cm6   D7

중 한 은 혜 입-고 서 도   보 은 보 답 못 하 고 서
부 질 없 는 몸-종 노 롯   그 허 망 을 떨 침 만 이

Gm   D7   Cm   Gm11

이 생 까 지 이-른 것 을   머 리-숙 여 부 처 님 께
윤 회 고 를 벗-어 나 는   길 이-오 니 그 리 되 길

E♭   D7   D7   Gm

참 회 합 니-다   참 회-합 니-다
비 옵 나 이-다   비 옵-나 이-다

Fine

고맙습니다

작사 문재현
작곡 배신영
노래 채연희

믿음으로 여는 세상

작사 문재현
작곡 배신영
노래 채연희

Slow ♩= 76

우리들 모두가 부처님의지해 - 활짝열린가슴으로 써
우리들 모두가 참선을할때는 - 모두비워명경지수 로

다 같이 도와서 - 살아들간 - 다면 훈풍같은앞날이리 라
참나를관조해 - 실경에사 - 무처 깨달아서활짝웃는 날

아 - 즐 - 겁게 즐겁게마 - 음을 다스려참모습을 이루노라 면
아 - 즐 - 겁게 즐겁게법 - 담을 함으로꽃피울걸 맹세를하 고

정 - 토의 세상 이 우 리를맞 - 으리 우리모두기도합시
정 - 진에 정진을 정 진에정 - 진을 우리모두실천합시

다 다 같이기도합시 - 다
다 다 같이실천합시 - 다

Fine

출가재일

작사 문재현
작곡 배신영
노래 채연희

장하십니 다　　장하십니 다
장하십니 다　　장하십니 다

그의 지가 장하십니 다
갖은 역경 부딪쳐서 도

이 세상의 모든 사람 탐을 내는 왕의 지위 와
초 지일관 변함없음 우러러서 존경합니 다

왕 비와의 궁 중 낙을 미련없 이버리 시고
나 밖에 서 찾 으려는 어 리석음 버리 고서

고 - 행 수 - 도 하겠 다 한 - 군은 의 지 머리
내 - 안에 서 찾으 려한 - 깨침향 한 군은

숙 여찬탄합니 다 찬 탄합니다
의 지찬탄합니 다 찬 탄합니다

Fine

염 원

작사 문재현
작곡 배신영
노래 채연희

Moderato GoGo ♩ = 114

세 상 의 - 모 든 것 을 내 것 인 - 양
영 장 다 운 - 합 - 장 의 염 원 속 - 에

먹 고 입 고 - 즐 - 기 며 살 아 가 - 다
세 상 티 끌 - 털 어 버 린 일 념 되 - 어

훌 쩍 지 난 세 월 속 에 돌 아 보 니 한 바 탕 -
이 것 이 것 이 무 어 꼬 참 구 하 며 날 이 가 고

꿈 결 같 은 인 생 이 라 관 음 보 살 -
달 이 가 고 세 월 가 도 시 간 감 을 -

외 치 며 회 개 하 니 기 도 하 다 -
모 르 는 일 상 이 라 크 게 깨 쳐 -

사 무 치 고 - 사 무 친 맘 대 해 탈 로 성 취 토 록 비 나 이 다 -
함 - 없 는 - 함 으 로 써 능 력 다 해 님 의 은 혜 갚 으 리 라 -

이 끌 어 주 옵 소 서 이 끌 어 주 옵 소 서 **Fine**
이 끌 어 주 옵 소 서 이 끌 어 주 옵 소 서

우리네 삶, 고운 수로

작사 문재현
작곡 배신영
노래 채연희

숲속의 마음

작사 문재현
작곡 배신영
노래 채연희

Disco ♩ = 120

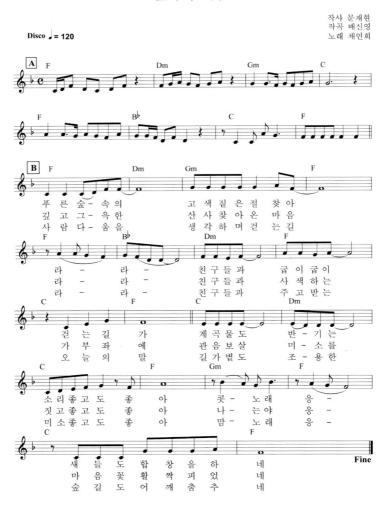

푸른 숲 - 속의　　고 색 짙 은 절 찾 아
깊 고 그 - 윽 한　　산 사 찾 아 온 마 음
사 람 다 - 움 을　　생 각 하 며 걷 는 길

라 - 　라 - 　친 구 들 과　굽 이 굽 이
라 - 　라 - 　친 구 들 과　사 색 하 는
라 - 　라 - 　친 구 들 과　주 고 받 는

걷 는 길 가　계 곡 물 도　반 - 기 는
가 부 좌 에　관 음 보 살　미 - 소 를
오 늘 의 말　길 가 볕 도　조 - 용 한

소 리 좋 고 도 좋 아　콧 - 노 래　응 -
짓 고 좋 고 도 좋 아　나 - 는 야　응 -
미 소 좋 고 도 좋 아　맘 - 노 래　응 -

새 들 도 합 창 을 하 네
마 음 꽃 활 짝 피 었 네
숲 길 도 어 깨 춤 추 네

Fine

256 화엄경 4권

사 색

작사 대원 문재현
작곡 배신영

조용 – 히 눈 – 감 고 – 서   참 – 나를살펴 – 봐 요
조용 – 한 사 – 색으 – 로   깨 – 달 아살펴 – 보 면

갖 은 생 각   모 든 행 이   이 로 좇 아 있 건 만 –   은
온 갖 지 혜   모 든 덕 이   이 로 좇 아 있 – 음 –   에

색 깔 도 모 양 도 없 어   알 – 고 파 서   사 색 일 세 모 든 걸 내 려 놓 고 –
그 능 력 베 풀 고 펼 쳐   누 – 리 려 고   수 행 일 세 모 두 를 다 비 우 고 –

쉬 는 시 간 사 색 으   로   한 걸 음 또 한 걸 음 다 가 서 는 노 력 다 해   기 어 이 성 취 하 여
님 의 자 취 따 름 으   로   한 걸 음 또 한 걸 음 극 락 세 계 다 가 가 서   기 어 이 성 취 하 여

낙 원 의 – 삶 – 누 리 려   네
너 나 없 – 이 – 누 려 보   세

천부경을 아시나요

작사 대원 문재현
작곡 배신영

우리조상 깊 - 은진리 천부경을아시나 요
바른진리 깨 - 달아서 이세상을바로봐 요

여든 - - 한 - 자속에 누 리의 - 온이 - 치 - 를
마음 - - 의 능 - 력으로 펼 처놓은장엄 - 이 - 라

남 김없이 - 담 으셨 - 네 - 필부의사내 - 라 도
화 려하고 - 아 름답 - 네 - 이땅인이대 - 로 가

마음을 - 갈 고닦 - 아 영원 한참 - 나깨 - 처
낙원의 - 세 계이 - 니 노래 와춤 - 으로 - 써

환인 - 큰은혜에 보 답 - 해사 - 세
어깨 - 동무하고 영 원 - 히사 - 세

보 살 가

작사 대원 문재현
작곡 김동환

세상사에어 올린 구 제 의 길

어려움도웃어넘긴 이 마음을   흰 구름너도알리 라

성불의보리과를 이루기위해   두타의수행으로 써

이 세계 저 세계서 닦았던 보현행을 영원히 펼치 — 리

도서출판 문젠(Moonzen)의 책들

1~5. 바로보인 전등록 (전30권을 5권으로)

7불과 역대 조사의 말씀이 1,700공안으로 집대성되어 있는 선종 최고의 고전으로, 깨달음의 정수가 살아 숨쉬도록 새롭게 번역되었다.

464, 464, 472, 448, 432쪽.
각권 18,000원

6. 바로보인 무문관

황룡 무문 혜개 선사가 저술한 공안집으로 전등록, 선문염송, 벽암록 등과 함께 손꼽히는 선문의 명저이다.

본칙 48개와 무문 선사의 평창과 송, 여기에 역저자인 대원 문재현 선사의 도움말과 시송으로 생명과 같은 선문의 진수를 맛보여 주고 있다.

272쪽. 12,000원

7. 바로보인 벽암록

설두 선사의 설두송고를 원오 극근 선사가 수행자에게 제창한 것이 벽암록이다.

이 책은 본칙과 설두 선사의 송, 대원 문재현 선사의 도움말과 시송으로 이루어져, 벽암록을 오늘에 맞게 바로 보이고 있다.

456쪽. 15,000원

8. 바로보인 천부경

우리 민족 최고(最古)의 경전 천부경을 깨달음의 책으로 새롭게 바로 보였다. 이 책에는 81권의 화엄경을 81자에 함축한 듯한 천부경과, 교화경, 치화경의 내용이 함께 담겨 있으며, 역저자인 대원 문재현 선사가 도움말, 토끼뿔, 거북털 등으로 손쉽게 닦아 증득하는 문을 열어놓고 있다.

432쪽. 15,000원

9. 바로보인 금강경

대원 문재현 선사의 『바로보인 금강경』은 국내 최초로 독창적인 과목을 내어 부처님과 수보리 존자의 대화 이면의 숨은 뜻을 드러내고, 자문과 시송으로 본문의 핵심을 꿰뚫어 밝혀, 금강경 전체를 손바닥 안의 겨자씨를 보듯 설파하고 있다.

488쪽. 15,000원

10. 세월을 북채로 세상을 북삼아

대원 문재현 선사의 선시가 담긴 선시화집 『세월을 북채로 세상을 북삼아』는 선과 시와 그림이 정상에서 만나 어우러진 한바탕이다. 선의 세계를 누리는 불가사의한 일상의 노래, 법열의 환희로 취한 어깨춤과 같은 선시가 생생하고 눈부시게 내면의 소리로 흐른다.

180쪽. 15,000원

11. 영원한현실

애매모호한 구석이 없이 밝고 명쾌하여, 너무도 분명함에 오히려 그 깊이를 헤아리기 어려운, 대원 문재현 선사의 주옥같은 법문을 모아 놓은 법문집이다.

400쪽. 15,000원

12. 바로보인 신심명

신심명은 양끝을 들어 양끝을 쓸어버리는, 40대치법으로 이루어진, 3조 승찬 대사의 게송이다. 이를 대원 문재현 선사가 바로 번역하는 것은 물론, 주해, 게송, 법문을 더해 통쾌하게 회통하고 자유자재 농한 것이 이 『바로보인 신심명』이다.

296쪽. 10,000원

13~17. 바로보인 환단고기 (전5권)

『바로보인 환단고기』 1권은 민족정신의 정수인 환단고기의 진리를 총정리하여 출간하였다. 2권에는 역사총론과 태초에서 배달국까지 역사가 실려 있으며, 3권은 단군조선, 4권은 북부여에서부터 고려까지의 역사가 실려 있다. 5권에는 역사를 증명하는 부록과 함께 환단고기 원문을 실었다.

344 · 368 · 264 · 352 · 344쪽. 각권 12,000원

18~47. 바로보인 선문염송 (전30권)

선문염송은 세계최대의 공안집이다. 전 공안을 망라하다시피 했기에 불조의 법 쓰는 바를 손바닥 들여다보듯 하지 않고 는 제대로 번역할 수 없다. 대원 문재현 선사는 전 공안을 바로 참구할 수 있게끔 번역하고 각 칙마다 일러보였다.

352 368 344 352 360 360 400 440 376 392
384 428 410 380 368 434 400 404 406 440
424 460 472 456 504 528 488 488 480 512쪽
각권 15,000원

48. 앞뜰에 국화꽃 곱고 북산에 첫눈 희다

대원 문재현 선사의 선문답집으로 전강·경봉·숭산·묵산 선사와의 명쾌한 문답을 실었으며, 중앙일보의 <한국불교의 큰스님 선문답> 열 분의 기사와 기자의 질문에 대한 대원 문재현 선사의 별답을 함께 실었다.

200쪽. 5,000원

49. 바로보인 증도가

선종사에 사라지지 않을 발자취로 남은 영가 선사의 증도가를 대원 문재현 선사가 번역하고 법문과 송을 더하였다.

자비의 방편인 증도가의 말씀을 하나하나 쳐 가는 선사의 일갈이야말로 영가 선사의 본의중과 일치하여 부합하는 것이라 아니할 수 없다.

376쪽. 10,000원

50. 바로보인 반야심경

이 시대의 야부 선사, 대원 문재현 선사가 최초로 반야심경에 과목을 붙여 반야심경 내면에 흐르는 뜻을 밀밀하게 밝혀놓고 거침없는 송으로 들어보였다.

200쪽. 10,000원

51~52. 선(禪)을 묻는 그대에게 (전10권 중 2권)

대원 문재현 선사의 선수행에 대한 문답집. 깨달아 사무친 경지에 대한 밀밀한 점검과, 오후보림에 대한 구체적인 수행법 제시와, 최초의 무명과 우주생성의 원리까지 낱낱이 설한 법문이 담겨 있다.

280쪽, 272쪽. 각권 15,000원

53. 바로보인 선가귀감

선가귀감은 깨닫고 닦아가는 비법이 고스란히 전수되어 있는 선가의 거울이라 할 만하다. 더욱이 바로보인 선가귀감은 매 소절마다 대원 문재현 선사의 시송이 화살을 과녁에 적중시키듯 역대 조사와 서산대사의 의중을 꿰뚫어 보석처럼 빛나고 있다.

352쪽. 15,000원

54. 바로보인 법융선사 심명

심명 99절의 한 소절, 한 소절이 이름 그대로 마음에 새겨두어야 할 자비광명들이다.
이 심명은 언어와 문자이면서 언어와 문자를 초월한 일상을 영위하게 하는 주옥같은 법문이다.

278쪽. 12,000원

55. 주머니 속의 심경

반야심경은 부처님이 설하신 경 중에서도 절제된 경으로 으뜸가는 경이다. 대원 문재현 선사의 선송(禪頌)도 그 뜻을 따라 간략하나 선의 풍미를 한껏 담고 있다. 하루에 한 소절씩을 읽고 참구한다면 선 수행의 지름길이 될 것이다.

84쪽. 5,000원

56. 바로보인 법성게

법성게는 한마디로 화엄경의 핵심부를 온통 훤출히 드러내놓은 게송이다. 짧은 글 속에 일체의 법을 이렇게 통렬하게 담아놓은 법문도 드물 것이다.
이렇게 함축된 법성게 법문을 대원 문재현 선사가 속속들이 밀밀하게 설해놓았다.

176쪽. 10,000원

57. 달다 - 전강 대선사 법어집

이제는 전설이 된 한국 근대선의 거목인 전강 선사님의 최상승법과 예리한 지혜, 선기로 넘쳤던 삶이 생생하게 담겨 있는 전강 대선사 법어집 < 달다 > !

전강 대선사님의 인가 제자인 대원 문재현 선사가 전강 대선사님의 법거량과 법문, 일화를 재조명하여 보였다.

　368쪽. 15,000원

58. 기우목동가

그 뜻이 심오하여 번역하기 어려웠던 말계지은 선사의 기우목동가!

대원 문재현 선사가 바른 뜻이 드러나도록 번역하고, 간결한 결문과 주옥같은 선송으로 다시 보였다.

　146쪽. 10,000원

59. 초발심자경문

이 초발심자경문은 한문을 새기는 힘인 문리를 터득하게 하기 위하여 일부러 의역하지 않고 직역하였다.

대원 문재현 선사의 살아있는 수행지침도 실려 있다.

　266쪽. 10,000원

60. 방거사어록

방거사어록은 선의 일상, 선의 누림을 보여주는 대표적인 선문이다. 역저자인 대원 문재현 선사는 방거사어록의 문답을 '본연의 바탕에서 꽃피우는 일상의 함'이라 말하고 있다. 법의 흔적마저 없는 문답의 경지를 온전하게 드러내 놓은 번역과, 방거사와 호흡을 함께 하는 듯한 '토끼뿔'이 실려 있다.

266쪽. 15,000원

61. 실증설

이 책의 모태는 대원 문재현 선사가 2010년 2월 14일 구정을 맞이하여 불자들에게 불법의 참뜻을 보이기 위해 홀연히 펜을 들어 일시에 써내려간 이 책의 3부이다. 실증한 이가 아니고는 설파할 수 없는 일구 도리로 보인 이 3부와 태초로부터 영겁에 이르는 성품의 이치를 문답과 인터뷰 법문으로 낱낱이 설한 1, 2를 보아 실증하기를…

224쪽. 10,000원

62. 하택신회대사 현종기

육조대사의 법이 중국천하에 우뚝하도록 한 장본인, 하택신회대사의 현종기. 세간에 지해종도로 알려져 있는 편견을 불식시키는 뛰어난 깨달음의 경지가 여기에 담겨있다. 대원 문재현 선사가 하택신회대사의 실경지를 드러내고 바로보임으로써 빛냈다.

232쪽. 10,000원

63. 불조정맥 - 韓·英·中 3개국어판

석가모니불로부터 현 78대에 이르기까지 불조정맥진영(佛祖正脈眞影)과 정맥전법게(正脈傳法偈)를 온전하게 갖춘 최초의 불조정맥서. 대원 문재현 선사가 다년간 수집, 정리하여 기도와 관조 끝에 완성한 『불조정맥』을 3개 국어로 완역하였다.

　216쪽. 20,000원

64. 바른 불자가 됩시다

참된 발심을 하여 바른 신앙, 바른 수행을 하고자 해도, 그 기준을 알지 못해 방황하는 불자님들을 위해 불법의 바른 길잡이 역할을 하도록 대원 문재현 선사가 집필하여 출간하였다.

　162쪽. 10,000원

65. 누구나 궁금한 33가지

21세기의 인류를 위해 모든 이들이 가장 어렵고 궁금해 하는 문제, 삶과 죽음, 종교와 진리에 대한 바른 지표를 제시하고자 대원 문재현 선사가 집필하여 출간하였다.

　180쪽. 10,000원

66. 108진참회문 - 韓·英·中 3개국어판

전생의 모든 악연들이 사라져 장애가 없어지고, 소망하는 삶을 살게 하기 위해 대원 문재현 선사가 10계를 위주로 구성한 108 항목의 참회문이다. 한 대목마다 1배를 하여 108배를 실천할 것을 권한다.

170쪽. 15,000원

67. 달마의 일할도 허락지 않는다

대원 문재현 선사의 짧고 명쾌한 법문집.
책을 잡는 순간 달마의 일할도 허락지 않는 선기와 맞닥뜨리게 될 것이다. 때로는 하늘을 찌를 듯한 기세와, 때로는 흔적 없는 공기와도 같은 향기를 일별하기를…

190쪽. 10,000원

68. 마음대로 앉아 죽고 서서 죽고

생사를 자재한 분들의 앉아서 열반하고 서서 열반한 내력은 물론 그분들의 생애와 법까지 일목요연하게 수록해놓았다.

446쪽. 15,000원

69. 화두 - 韓·英·中 3개국어판

『화두』는 대원 문재현 선사의 평생 선문답의 결정판이다. 생생하게 살아있는 선(禪)을 한·영·중 3개국어로 만날 수 있다. 특히 대원 문재현 선사의 짧은 일대기가 실려 있어 그 선풍을 음미하는 데에 큰 도움을 주고 있다.

440쪽. 15,000원

70. 바로보인 간당론

법문하는 이가 법리를 모르고 주장자를 치는 것을 눈먼 주장자라 한다. 법좌에 올라 주장자 쓰는 이들을 위해서 대원 문재현 선사가 간당론에서 선리(禪理)만을 취하여 『바로보인 간당론』을 출간하였다.

218쪽. 20,000원

71. 완전한 우리말 불공예식법

부처님께 공양을 올리고 불보살님의 가피를 구하는 예법 등을 총칭하여 불공예식법이라 한다. 대원 문재현 선사가 이러한 불공예식의 본 뜻을 살려서 완전한 우리말본 불공예식법을 출간하였다.

456쪽. 38,000원

72. 바로보인 유마경

유마경은 가히 불법의 최정점을 찍는 경전이라 할 것이니, 불보살님이 교화하는 경지에서의 깨달음의 실경과 신통자재한 방편행을 보여주는 최상승 경전이다. 대원 문재현 선사가 < 대원선사 토끼뿔 >로 이 유마경에 걸맞는 최상승법을 이 시대에 다시금 드날렸다.

568쪽. 20,000원

73. 실증설 5개국어판 - 韓·英·佛·西·中

대원 문재현 선사가 불법의 참뜻을 보이기 위해 홀연히 펜을 들어 일시에 써내려간 실증설! 실증한 이가 아니고는 설파할 수 없는 도리로 가득한 이 책이 드디어 영어, 불어, 스페인어, 중국어를 더하여 5개국어로 편찬되었다.

860쪽. 25,000원

74. 누구나 궁금한 33가지 3개국어판 - 韓·英·中

누구라도 풀어야 할 숙제인 33가지의 의문에 대한 답을 21세기의 현대인에게 맞는 비유와 언어로 되살린 『누구나 궁금한 33가지』가 한글, 영어, 중국어 3개국어로 출간되었다.

408쪽. 15,000원

75. 달마의 일할도 허락지 않는다 3개국어판 - 韓·英·中

대원 문재현 선사의 짧고 명쾌한 법문집인 『달마의 일할도 허락지 않는다』가 한글, 영어, 중국어 3개국어로 출간되었다. 전세계에서 유일하게 활선의 가풍이 이어지고 있는 한국, 그 가운데에서도 불조의 정맥을 이은 대원 문재현 선사가 살활자재한 법문을 세계로 전하고 있는 책이다.

308쪽. 15,000원

76~78. 화엄경 (전81권 중 3권)

대원 문재현 선사님은 선문염송 30권, 전등록 30권을 모두 역해하여 세계 최초로 1,463칙 전 공안에 착어하였다. 이러한 안목으로 대천세계를 손바닥의 겨자씨 들여다보듯 하신 불보살님들의 지혜와 신통으로 누리는 불가사의한 화엄세계를 열어 보였다.

206, 256, 264쪽. 각권 15,000원

법문 MP3를 주문판매합니다

부처님의 78대손이신 대원(大圓) 문재현(文載賢) 전법선사님의 법문 MP3가 나왔습니다. 책으로만 보아서는 고준하여 알기 어려웠던 선문(禪文)의 이치들이 자세히 설하여져 있어서, 모든 궁금증을 시원하게 풀어줄 것입니다.

- 천부경 : 15,000원
- 신심명 : 30,000원
- 현종기 : 65,000원
- 기우목동가 : 75,000원
- 반야심경 : 1회당 5,000원 (총 32회)
- 선가귀감 : 1회당 5,000원 (총 80회)

- 금강경 : 40,000원
- 법성게 : 10,000원
- 법융선사 심명 : 100,000원

대원 선사님 작사 노래 CD 주문판매합니다

가슴으로 부르는
불심의 노래

1. 서 원 가 (3:36)
2. 만조 염불가 (4:00)
3. 소중한 삶 (2:30)
4. 석가모니불 (4:52)
5. 맹서의 노래 (4:25)
6. 염원의 노래 (3:25)
7. 음성 공양 (3:51)
8. 발 심 가 (3:05)
9. 자비의 품 (4:10)
10. 부치님 은혜(첫 번째) (4:34)

11. 보살의 마음 (3:50)
12. 이 생에 해야 할 일 (3:08)
13. 구도의 목표 (3:18)
14. 늙은 아사리 (3:42)
15. 부치님 은혜(두 번째) (4:34)
16. 성중성인 오직네 (3:10)
17. 내 문제는 내가 풀자 (2:38)
18. 즐거운 밤 (2:27)
19. 관 음 가 (2:48)

• 가격 : 2만 원

가슴으로 부르는
불심의 노래 2

1. 부 처 님 (4:01)
2. 열반재일 (3:09)
3. 성도재일 (4:00)
4. 석굴암의 노래 (3:19)
5. 님의 모습 (3:15)
6. 믿고 따르세 (2:55)
7. 신명을 다하리 (4:17)
8. 부처님께 바치는 마음 (3:49)
9. 감사합니다 (3:10)
10. 교 화 가 (4:30)

11. 섬진강 소호 (3:08)
12. 권 수 가[1] (3:02)
13. 권 수 가[2] (3:02)
14. 우란분재일 (3:38)
15. 고맙습니다 (2:31)
16. 믿음으로 여는 세상 (3:05)
17. 출가재일 (2:44)
18. 열 반 (2:52)
19. 우리네 삶, 고운 수로 (2:35)
20. 숲 속의 마음 (2:33)

• 가격 : 1만 5천 원

문의 전화 ☎ 031-534-3373

유튜브에서 채널 구독하시고
무료로 찬불가 앨범을 감상하세요

유튜브에서 MOONZEN을 검색하시거나
아래의 주소로 접속해주세요

http://www.youtube.com/user/officialMOONZEN

화엄경 4권은 성불사 국제정맥선원
진용 김재민 본연님의 보시에 의해
출간되었습니다. 이 무량공덕으로
구경성불하시기를 기원합니다.